Prof. S. OTTOLENGHI

POLIZIA SCIENTIFICA

IDENTIFICAZIONE FISICA E PSICHICA

INVESTIGAZIONI GIUDIZIARIE

ROMA
SOCIETÀ POLIGRAFICA EDITRICE

POLIZIA SCIENTIFICA

IDENTIFICAZIONE FISICA E PSICHICA

INVESTIGAZIONI GIUDIZIARIE.

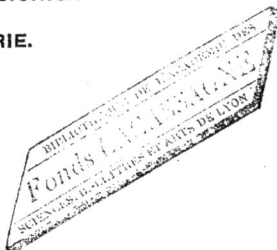

SALVATORE OTTOLENGHI

Professore ordinario di Medicina legale nella R. Università di Roma

Direttore della Scuola di Polizia (Ministero degli Interni)

POLIZIA SCIENTIFICA

IDENTIFICAZIONE FISICA E PSICHICA

INVESTIGAZIONI GIUDIZIARIE

Quadri sinottici delle Lezioni tenute nella Scuola di Polizia

Redatti con la collaborazione del Dott. G. GASTI

ROMA

Società Poligrafica Editrice

Piazza della Pigna, n. 53

1907

PREFAZIONE

Nel 1902 ho tenuto il primo Corso di Polizia scientifica ai funzionari di Pubblica Sicurezza, per incarico di S. E. il Ministro dell'Interno, On. Giolitti: allora feci litografare ad uso dei miei uditori quadri sinottici del mio insegnamento.

Quel Corso di Polizia scientifica ha dato origine ad una vera Scuola di Polizia, obbligatoria per gli alunni dell'Amministrazione, oggetto di speciale cura del Direttore generale di Pubblica Sicurezza, comm. Leonardi; il mio insegnamento si è diviso in tre, avendo io affidato la parte del segnalamento fisico al valoroso mio ex-aiuto, Dr. G. Gasti, Commissario di Pubblica Sicurezza, e quella della fotografia giudiziaria al solerte Commissario Ellero, incaricato del segnalamento fotografico nel servizio di identificazione annesso alla Scuola. Vennero poi aggiunte recentemente esercitazioni pratiche di Polizia amministrativa (Commissari di P. S. Dr. De Domenico e Dr. Saraceni), e di diritto e procedura penale (Prof. Longhi).

Mi sono deciso a pubblicare in quadri sinottici le mie lezioni, a doppio scopo, per agevolare il profitto degli alunni e per rendere ben noti il programma, la portata, le aspirazioni del mio insegnamento, a tanti altri funzionari dell'Amministrazione che non furono ancora chiamati a seguire la Scuola, a tutti coloro che si occupano della scoperta dei rei e dei reati, a tutti gli studiosi di questa nuova disciplina, la quale va oggi estendendosi notevolmente e trova valorosi cultori.

È necessario conoscere quali siano gli intendimenti di una vera completa Polizia scientifica, e a questo, spero, gioverà il programma che ho svolto in queste mie lezioni.

Nel 1894 inaugurava il Gross nell'Università di Vienna un Corso di Criminologia pei magistrati, col nobile intendimento di far utilizzare, nelle indagini giudiziarie, i nuovi metodi di ricerca che la scienza veniva indicando. Ma chi conosce la prima edizione dell'aureo suo libro, completato recentemente dal nostro Carrara, ben sa che l'autore solo incidentalmente tratta della conoscenza dell'uomo delinquente, poco si occupa delle indagini sull'identificazione che già il Bertillon aveva con tanto valore e plauso applicata, e pochissimo del funzionamento della Pubblica Sicurezza. E si spiega ciò abbastanza quando si pensi che il Gross si rivolgeva essenzialmente a giudici istruttori in un paese ove non vi è un insegnamento speciale di medicina legale per gli studenti di legge, come invece da tanti anni abbiamo in Italia.

Non era mai stato tenuto in nessun luogo uno speciale insegnamento di Polizia scientifica, di quella Polizia scientifica che, invocata dal Lombroso e dall'Alongi, era stata intuita dal stesso Bertillon nella prefazione del suo prezioso trattato sul segnalamento descrittivo.

Indotto specialmente dall'abisso che vedevo esistere fra le verità scientifiche e la pratica nel campo della polizia, sorpreso di vedere così poco utilizzate le nuove conoscenze sulla natura dei rei, pensai di promuovere col Corso libero universitario, inaugurato a Siena nel 1896, e meglio con la Scuola pei funzionari di Pubblica Sicurezza, istituita da S. E. l'On. Giolitti nel 1903 a Roma, l'applicazione e l'utilizzazione delle nuove conoscenze sull'uomo, e specialmente sull'uomo delinquente, nella lotta quotidiana che funzionari di Pubblica Sicurezza e magistrati impegnano contro i malvagi.

Questa applicazione equivaleva all'inizio di una generale riforma di metodo, che doveva avere un campo d'azione ben più esteso e proficuo di quello che si limita all'applicazione dei migliori metodi fotografici per un sopraluogo, per la scoperta di tracce invisibili, per il segnalamento dei recidivi.

Doveva essa indicare un nuovo ed ampio campo di indagini, doveva tendere ad elevare la funzione della Pubblica Sicurezza a quella previdenza saggia e prudente, a quell'azione ponderata e dotta, a quei procedimenti essenzialmente obiettivi, che ispirati alle leggi che regolano i fenomeni della natura umana, dovranno trasformare la repressione talora cieca e dannosa in un'assistenza rigorosa ma umana, in una opera di sana igiene morale; onde si verrà formando attorno alla Pubblica Sicurezza tale un'aureola di simpatia da favorire l'incoraggiamento e il concorso da parte della popolazione in sostituzione dell'attuale diffidenza, dell'attuale opposizione.

Questo deve essere l'indirizzo della Polizia scientifica quale ho tentato di applicare, e questo ripeto con tanta maggior convinzione ora che, nonostante l'allarme di qualche giurista, l'esempio nostro ha trovato imitatori all'estero e fra noi; onde vediamo il Reiss in Svizzera trasformare il suo Corso di fotografia giudiziaria in Corso di Polizia scientifica ispirato al nostro indirizzo, il Lacassagne in Francia invocare corsi analoghi nelle Università francesi, Capelletti e Errante iniziare a Ferrara una Scuola libera completa di Polizia, e parecchi giovani (Niceforo, Locard e De Blasio) avviarsi in questa direzione.

In questo momento di benefica crisi produttrice, a proposito di certe opinioni espresse in recentissime pubblicazioni, proclamo altamente la necessità che ogni progresso, ogni riforma nel campo della Polizia scientifica siano orientati alla conoscenza dell'uomo, dell'uomo delinquente in ispecie, per ovviare a leggi fatte troppo ad immagine di un uomo-mito, e il dovere che sia riconosciuta la *italianità* della nostra disciplina, che qualche italiano volle chiamare straniera, mentre dall'Italia venne invocata per bocca di Cesare Lombroso, che rivelò primo la natura dell'uomo delinquente, e dall'Italia venne il primo esempio di una vera Scuola ufficiale completa di Polizia scientifica pei funzionari sui pregiudicati. Tale scuola sta a dimostrare il plauso dato alla scienza da coloro i quali dirigono la cosa pubblica, e mette in evidenza l'attitudine alla nuova coltura dei nostri funzionari, che con notevole profitto ne seguono gli insegnamenti.

Questi nudi quadri sinottici – pallida effigie delle lezioni che, grazie al valido concorso della Direzione generale dell'Amministrazione carceraria, vo svolgendo sul delinquente stesso nella clinica criminale di « Regina Coeli » – servano a dare una idea ai funzionari, ai magistrati e agli studiosi, del metodo razionale, obiettivo, scientifico, che deve informare le indagini nella ricerca del vero, e della utilità della conoscenza del corpo e della psiche umana, da parte di coloro che i mali, prodotti dalle deviazioni dell'organismo e della mente, sono chiamati a prevenire e a riparare.

Roma, aprile 1907.

S. OTTOLENGHI.

INDICE

PARTE PRIMA.
L' identificazione generica.

x

PARTE QUARTA.

I.

Il segnalamento scientifico nella pratica.

II.

Le ricerche e i riconoscimenti dei rei - Gli interrogatorî e le testimonianze.

III.

Le indagini nei sopraluogo - La ricerca del reo
L'ordinamento degli uffici di P. S.

INTRODUZIONE

LA POLIZIA EMPIRICA E LA POLIZIA SCIENTIFICA

La polizia empirica

nell'attuazione dei varî servizi ha per norme l'esperienza e [l'abilità individuale.

La polizia scientifica

applica con metodo razionale alle funzioni di polizia le cognizioni fornite dall'antropologia, dalla biologia, dalla psicologia, dalla medicina legale, dalla sociologia, dalla fisica e dalla chimica.

OGGETTO DELLA POLIZIA SCIENTIFICA.	Identificazione per la conoscenza, la sorveglianza e la ricerca dei rei.	GENERICA per la conoscenza dell'uomo in generale.	
		SPECIFICA per la conoscenza delle classi pericolose.	
	Tattica e strategia poliziesca.	PROCEDURA GIUDIZIARIA.	Il sopraluogo. L'accertamento del reato. La ricerca del reo. Le investigazioni: interrogatorî, riconoscimenti, ecc.
		POLIZIA AMMINISTRATIVA.	La vigilanza dei pregiudicati e dei sospetti; la prevenzione dei reati.
		ORDINAMENTO DEGLI UFFICI DI PUBBLICA SICUREZZA.	

PARTE PRIMA

L'IDENTIFICAZIONE GENERICA.

Generalità sull'identificazione generica.

IDENTIFICAZIO-NE FISICA.

Il segnalamento descrittivo.
- *Anatomico.*
- *Funzionale* . . . .
  - La motilità.
  - La sensibilità.
  - Le funzioni organiche.

Il segnalamento dactiloscopico.
Il segnalamento fotografico.
Il segnalamento antropometrico.

IDENTIFICAZIO-NE PSICHICA.
- L'intelligenza
- La coscienza.
- La volontà.
- I sentimenti e le passioni.
- Il senso morale.
- Il temperamento.
- Il carattere.

IDENTIFICAZIO-NE ANAMNE-STICA.

Le generalità .
- La patria.
- Il domicilio.
- La famiglia (eredità).
- L'età.
- Il sesso.
- La professione.
- La condizione sociale.

La vita . . . . .
- L'infanzia e la giovinezza.
- Le vicende e il contegno.
- Le malattie.
- I reati.
- I traumi.

L' identificazione fisica, o segnalamento descrittivo anatomico

---

I.

I Connotati personali.

Generalità sul segnalamento descrittivo.

OGGETTO . . . . . { La descrizione dei connotati personali.
                »   dei contrassegni particolari.

CONDIZIONI PER LA DESCRIZIONE DEI CONNOTATI E CONTRASSEGNI.
{ LA CONOSCENZA DELLE PARTI DEL CORPO UMANO.

L'APPLICAZIONE DI UN METODO RAZIONALE UNIFORME NELLA DESCRIZIONE.

CARATTERI A DESCRIVERE. — Le dimensioni.

LE VARIE DIMENSIONI A DESCRIVERE.

- In totalità . . { La grossezza o volume.
  L'ampiezza o estensione.
- Dimensioni singole. { La lunghezza.
  L'altezza.
  La larghezza.
  La sporgenza.
  La profondità.

METODOLOGICA SULLA DESCRIZIONE DELLE DIMENSIONI.

- Criteri di apprezzamento.
  - Assoluto . . { In base alla conoscenza che si ha dello sviluppo medio di quel dato carattere.
  - Relativo . . { In base alla proporzione fra il carattere in esame e le altre parti del corpo dello stesso individuo.
- Classificazione e terminologia dei caratteri di dimensioni.
  - Sviluppo medio.
  - In eccesso o in difetto. { Massimo - minimo.
    Molto - poco.
    Grosso - piccolo.
    Lungo - corto.
    Largo - stretto.
    Alto - basso.
    Ampio - limitato.

INDICAZIONE GRAFICA DELLE DIMENSIONI.

L'*esagerazione* di un carattere in eccesso o in difetto si *sottolinea*, si racchiude all'opposto *fra parentesi* il carattere stesso in eccesso o in difetto se esso si avvicina assai alla media.
Esempi: lungo = molto lungo; (lungo) = lunghezza poco superiore alla media.

Generalità sul segnalamento descrittivo (*Segue*).

(Segue) **CARATTERI A DESCRIVERE.**	**La simmetria**	Simmetria. Asimmetria.		
	La direzione	Verticale. Orizzontale.		
		Obliqua	In basso. In alto. All'interno. All'esterno. In avanti. In dietro.	
	La forma	*Determinata da una linea.*	Curvilinea. Rettilinea. A linea spezzata. A linea ondulata. A linea mista.	
		Determinata da una figura.	Circolare. Ovoidale. Elissoidale. Triangolare. Quadrangolare. Poligonale, ecc., ecc.	
	La proporzione	Proporzione. Sproporzione.	In eccesso. In difetto.	
	Il colore.			
	La posizione *(pei contrassegni).*			

I connotati.

ORDINE DELLA
DESCRIZIONE.

- STATURA.
- CORPORATURA.
- PELLE.
- TESTA.
- TRONCO.
- ESTREMITÀ.

LA STATURA – LA CORPORATURA – LA PELLE.

LA STATURA ..

Descrizione della statura.
- Alta.
- Media.
- Bassa.
- Rapporto col busto.
- Rapporto colle estremità inferiori.
- Rapporto colle estremità superiori.

Modo di considerare la statura.
- In posizione eretta.
- In posizione rilassata.

LA CORPORATU-RA.

Parti del corpo che la compongono.
- SPALLE.
- TRONCO . . . . .
  - Collo.
  - Torace.
  - Addome.
  - Bacino.
- ANCHE.

Descrizione . . .
- Grossa.
- Media.
- Piccola.
- Rapporto colla statura.

LA PELLE . . . .

COLORITO (per la razza caucasica).
- *Pigmentazione . .*
  - Bianco.
  - Bruno . . . .
    - Bruno-terreo.
    - Bruno-olivastro.
- *Vascolarizzazione sanguigna.*
  - Pallido.
  - Roseo.
  - Rosso.
- *Tono del colore .*
  - Chiaro.
  - Intermedio.
  - Scuro.

SPESSORE . . . .
- Spesso.
- Medio.
- Sottile.

FINEZZA . . . . .
- Liscia.
- Comune
- Ruvida.

ADERENZA ALLE PARTI SOTTOSTANTI.

TENSIONE.

ADIPOSITÀ . . .
- Abbondante (grasso).
- Media.
- Deficiente (magro).
- Quasi mancante (scarno).

Rughe . . . . . .
- Molteplicità.
- Profondità.
- Dimensioni.
- Forma.
- Direzione.
- Posizione.

Peli . . . .
- Colore.
- Forma.
- Dimensioni.
- Foltezza.

La testa.

CONTORNI DEL-LA TESTA.	CONTORNO CRANICO FACCIALE LATERALE O NORMA LATERALE (La testa vista di profilo). CONTORNO CRANICO FACCIALE ANTERIORE O NORMA FACCIALE (La testa vista di fronte). CONTORNO CRANICO VERTICALE O NORMA VERTICALE (La testa vista dall'alto). CONTORNO CRANICO POSTERIORE O NORMA OCCIPITALE (La testa vista dal-l'indietro).
PARTI DELLA TESTA.	Sezione cranica o calotta cranica. Sezione facciale o viso.
OSSA DELLA TE-STA.	**Sezione cranica.** Osso frontale. Ossa parietali. Ossa temporali. Osso occipitale. Osso sfenoide (interno). Osso etmoide (interno). **Sezione facciale.** Ossa nasali. Osso unguis. Osso vomere (interno). Ossa malari (zigomi). Ossa mascellari superiori. Ossa palatine (interne). Osso mascellare inferiore o mandibola.
GROSSEZZA O VO-LUME DELLA TESTA.	**Assoluta** (considerata di per sè). Testa grossa. Testa media. Testa piccola. **Relativa** (in rapporto alla statura). **Rapporto della sezione crani-ca e facciale fra loro.** Prevalente o deficiente la sezione cranica. Prevalente o deficiente la sezione facciale. Sezione cranica e facciale proporzionate.

Sezione cranica o calotta cranica.

DIMENSIONI . . .	**In totalità . . .**	Assolutamente. Relativamente alla sezione facciale.	
	Dimensioni sin-gole.	LUNGHEZZA . . .	Lunga (dolicocefala). Media. Corta.
		LARGHEZZA . . .	Larga (brachicefala). Media. Stretta.
		ALTEZZA	Alta (acrocefala). Media. Bassa (platicefala).

Sezione cranica o calotta cranica (*Segue*).

DIREZIONE DEL- L'ASSE DELLA CALOTTA.	Verticale. Obliquo.		

FORMA . . . .

Profilo laterale.

FORMA . . . . . .
- Curvilinea.
- A linea spezzata.
- Mista.

POSIZIONE DEL *VERTICE*.
- In corrispondenza della regione frontale.
- In corrispondenza del terzo anteriore della regione parietale.
- In corrispondenza del terzo medio della regione parietale.
- In corrispondenza del terzo posteriore della regione parietale.

Profilo anteriore.

FORMA . . . . . .
- Curvilinea . .
  - Semicircolare.
  - A turbante.
  - A pan di zucchero.
- Linea spezzata.
  - A torre.
  - A schiena d'asino.
  - A tetto.
- Mista.
- Simmetria . .
  - Simmetrica.
  - Asimmetrica.

Profilo posteriore.

FORMA . . . . . .
- Curvilinea.
- A linea spezzata.
- Mista.

SIMMETRIA.

SEGMENTI. . . . .

Anteriore o frontale.

GROSSEZZA . . .
- Assoluta.
- Proporzione cogli altri segmenti.

FORMA (sarà descritta colla fronte).

Intermedio o parietale.

GROSSEZZA . . .
- Assoluta.
- Proporzione cogli altri segmenti.

SPORGENZA DELLE *BOZZE PARIETALI*.
- Molto sporgenti.
- Media sporgenza.
- Appiattite.

Posteriore od occipitale.

GROSSEZZA . . .
- Assoluta.
- Proporzione cogli altri segmenti.

OCCIPITE . . . .
- Sporgenza . .
  - Molto sporgente.
  - Media sporgenza.
  - Appiattito.
- Forma . . . .
  - Rotonda.
  - A calcagno.
  - A cuneo.
  - A sprone.
  - Rettilineo o verticale.

Sezione cranica o calotta cranica (*Segue*).

I CAPELLI ....

FOLTEZZA ....
- Folti.
- Media foltezza.
- Radi.

Calvizie .....
- Totale.
- Parziale .....
  - *Frontale* ...
    - Completa.
    - Centrale.
    - Laterale.
  - *Fronto-parietale.*
  - *Temporo-parietale.*
  - *Occipitale* ..
    - Superiore o tonsurale.
    - Inferiore.
- Grado ....
  - Incipiente.
  - Media.
  - Avanzata.

COLORE .....
- Biondi ......
  - Biondo-rossicci.
  - Biondo-oro.
  - Biondo-canepa.
- Castani ......
  - Chiari.
  - Medi.
  - Scuri.
- Neri.
- Canuti .....
  - *Grado della canizie.*
    - Incipiente.
    - Avanzata.
    - Completa.
  - *Disposizione della canizie.*
    - Uniforme.
    - Non uniforme.
  - *Localizzazione della canizie.*

FORMA ......
- Diritti.
- Lisci.
- Ondulati.
- Ricciuti .....
  - Con un solo anello terminale.
  - Con anelli molteplici.
- Crespi.
- Lanosi (a ciuffi).

GROSSEZZA DEL PELO.
- Ispidi.
- Fini.

Vortici ......
- Numero.
- Posizione.

Sezione facciale o viso.

DIMENSIONI DEL VISO.

- Grossezza.
- Proporzione colla sezione cranica.
- **Dimensioni singole.**
  - LUNGHEZZA.
    - *Stretto.*
    - *Medio.*
    - LARGHEZZA.
      - *Largo.*
        - In totalità.
        - Localizzazione della massima larghezza.
          - Segmento superiore.
          - Segmento intermedio (eurignatismo).
          - Segmento inferiore.
    - SPORGENZA.
      - *Minima* (ortognatismo).
      - *Media.*
      - *Massima.*
        - In totalità.
        - Localizzazione.
          - Mascellare superiore (prognatismo).
          - Mascellare inferiore (progeneismo).

DIREZIONE ASSE MEDIANO DEL VISO . . .
- Diritto.
- Obliquo (viso storto).

FORMA . . . . .

- **Profilo o contorno laterale.**
  - LINEA DI PROFILO.
    - La linea che unisce il punto mediano più alto della fronte (p. mediano inserzione capelli), il punto mediano intersopracciliare, il punto di inserzione del setto del naso, il punto mediano labbro superiore, il punto mediano labbro inferiore, il punto mediano del mento (sintisi del mento), rimane escluso il naso.
  - FORMA . . . .
    - Rettilineo (ortognato).
    - Curvilineo (prognato).
    - A linea mista.

- **Profilo o contorno anteriore.**
  - FORMA . . . .
    - Curvilineo . .
      - Ovoidale . . .
        - Base in alto.
        - Base in basso
      - Elissoidale.
      - Circolare.
    - A linea spezzata.
      - Triangolare
      - Quadrato
      - Rettangolare
      - Esagonale
      - Romboidale.
    - A linea mista.
      - Ovoido-poligonale (linea curva in alto).
      - Elissoide-poligonale.
      - Poligono-ovoidale (linea curva in basso).
      - Poligono-elissoidale.
  - SIMMETRIA. .
    - Simmetria.
    - Asimmetria.

Sezione facciale o viso (*Segue*).

SEGMENTI COM-
PONENTI IL
VISO.

Denominazione.
- SEGMENTO SUPERIORE O FRONTALE ORBITALE.
- SEGMENTO INTERMEDIO O NASO ZIGOMATICO AURICOLARE.
- SEGMENTO INFERIORE O MASCELLARE.

Grossezza . . . .
- Grossezza assoluta di ogni segmento.
- Grossezza relativa a proporzione cogli altri segmenti.

Proporzione dei vari segmenti fra loro.

I connotati del segmento facciale superiore o fronto-orbitale.

LINEA DI INSERZIONE DEI CAPELLI.

FRONTE . . . . . .
- **Fronte in totalità.**
- **Bozze frontali.**
- **Rughe frontali.**
- **Creste frontali.**
- **Arcate sopraccigliari.**
- **Sopracciglia.**
- **Spazio intersopracciliare.**
- **Bozza nasale o glabella.**
- **Arcate orbitarie.**

TEMPIE.

ORBITE.

SPAZIO INTERORBITARIO.

OCCHIO . . . .
- **Apertura palpebrale.**
- **Rima o fessura palpebrale.**
- **Angoli dell'occhio**
  - Interno.
  - Esterno.
- **Palpebre.** . . . .
  - Superiore. . . . .
    - Parte fissa.
    - Parte mobile.
  - Inferiore.
- **Ciglia.**
- **Bulbo.** . . . . . .
  - Caratteri in totalità.
  - SCLEROTIDE (bianco dell'occhio).
  - CONGIUNTIVE.
  - CORNEA.
  - IRIDE.

RUGHE A ZAMPA D'OCA.

Descrizione dei connotati del segmento superiore o parieto-fronto-orbitale.

LINEA D'INSERZIONE DEI CAPELLI.
- FORMA
  - Rettangolare.
  - Circolare.
  - A punta.
- SIMMETRIA
  - Simmetria.
  - Asimmetria.

LA FRONTE.

FRONTE (in totalità).
- DIMENSIONI
  - Grossezza in totalità.
  - Sporgenza.
  - Altezza.
  - Larghezza.
- DIREZIONE
  - Verticale.
  - Intermedia.
  - Obliqua in avanti o proeminente.
  - Obliqua in dietro o sfuggente.
- FORMA
  - *LINEA DI PROFILO.*
    - Rettilinea.
    - Curvilinea
      - Convessa (sporgente).
      - Concava.
    - A linea mista.
  - Simmetria delle due metà della fronte.

BOZZE FRONTALI.
- PROEMINENZA
  - Proeminenti.
  - Non proeminenti.
- SIMMETRIA
  - Simmetriche
  - Asimmetriche.
- NUMERO
  - Molteplici.
  - Scarse.
  - Mancanti.
- POSIZIONE
  - Mediane.
  - Laterali (sopraorbitarie).
- DIMENSIONI
  - Estensione.
  - Profondità.

RUGHE FRONTALI.
- FORMA
  - Rettilinee.
  - Curvilinee.
  - A linea spezzata.
  - A linea ondulata.
- DIREZIONE
  - Verticali.
  - Orizzontali.
  - Oblique.
  - Parallele fra loro.
  - Convergenti in alto, in basso, a destra, a sinistra.
  - Divergenti, id. id. id.
- SIMMETRIA
  - Simmetriche.
  - Asimmetriche.

2

LA FRONTE (*Segue*).

CRESTE FRON- } Evidenti.
TALI. } Non evidenti.

ARCATE SOPRAC- } Sporgenti.
CILIARI. } Media sporgenza.
} Non sporgenti.
} Simmetriche o no.

SOPRACCIGLIA.

DIMENSIONI . . . { Grossezza in totalità.
{ Lunghezza.
{ Larghezza . . . . { Separate.
{ { Riunite.
{ Estensione.

FORMA . . . . . . { Rettilinee.
{ Curvilinee.
{ Ondulate.

SIMMETRIA . . . { Simmetriche.
{ Asimmetriche.

DIREZIONE . . . { Orizzontali.
{ Oblique . . . . . { In alto all'esterno.
{ { In alto all'interno.

Peli

FOLTEZZA . . . . { Folte
{ Media foltezza.
{ Rade.
{ Uniforme.
{ Non uniforme (indicare ove sono più
{ folte e ove meno).

COLORE . . . . . { Bionde . . . . { Biondo-rossiccio.
{ { Biondo-oro.
{ { Biondo-canepa.
{ Castane . . . { Chiare.
{ { Medie.
{ { Scure.
{ Nere.
{ Canute.

FORMA . . . . . . { Diritti.
{ Lisci.
{ Ondulati.
{ Arruffati.

DIMENSIONI . . . { Grossezza . . { Ispidi.
{ { Medi.
{ { Fini.
{ Lunghezza.

POSIZIONE DI IMPIANTO.

LA FRONTE (*Segue*).

SPAZIO INTERSO-PRACCILIARE.	DIMENSIONE . . .		Largo.
			Media larghezza.
			Stretto.
	Rughe	NUMERO.	
		POSIZIONE	Mediane.
			Laterali.
		DIMENSIONI . . .	Estensione.
			Profondità.
		FORMA	Rettilinee.
			Curvilinee.
			A linea spezzata.
		DIREZIONE	Verticali.
			Orizzontali.
			Oblique.
			Parallele.
			Convergenti.
			Divergenti.
		COMBINAZIONI . .	A triangolo.
			A trapezio.
			A sigla.
			Ad accento circonflesso.
		SIMMETRIA . . .	Simmetriche.
			Asimmetriche.

GLABELLA . . . . | Sporgenza.

ARCATE ORBITA-RIE. { Sporgenza.

LE TEMPIE.

Sporgenti. - Diritte. - Depresse.

LE ORBITE.

DIMENSIONI . . . { Ampiezza in totalità.
Lunghezza.
Altezza.

PROFONDITÀ.

DIREZIONE . . . | Orizzontali oblique interne o esterne.

FORMA . . . . . . { Ovale.
Rotonda.
Poligonale.

SIMMETRIA.

LO SPAZIO INTERORBITARIO.

Ampio. - Medio. - Stretto.

L'OCCHIO (Destro e sinistro).

APERTURE PAL-PEBRALI.
- DIMENSIONE . . .
  - Ampie.
  - Media ampiezza.
  - Limitate.
- FORMA . . . . .
  - Elissoide.
  - Ovoide (a mandorla).
- SIMMETRIA.

RIME PALPEBRA-LI.
- DIMENSIONE . . .
  - Lunghe.
  - Media larghezza.
  - Corte (o strette).
- DIREZIONE . . . .
  - Orizzontali.
  - Oblique . . . . .
    - In basso all'interno.
    - In basso all'esterno.
- SIMMETRIA . . .
  - Simmetriche.
  - Asimmetriche.

ANGOLI DEGLI OCCHI.
- **Angolo interno.**
  - FORMA . . . . . .
    - Acuto.
    - Ottuso.
  - VISIBILE . . . . .
    - Scoperto.
    - Ricoperto.
- **Angolo esterno.**
  - Scoperto.
  - Ricoperto parzialmente dalla porzione fissa delle palpebre.

PALPEBRE . . . .
- **Palpebre supe-riori.**
  - PORZIONE FISSA. Estensione
    - Non copre la porzione mobile.
    - Copre la por-zione mobi-le.
      - In direzione trasversale.
      - In direzione obliqua.
  - PORZIONE MOBI-LE.
    - Scoperta completamente.
    - Normalmente scoperta.
    - Poco scoperta.
    - Ricoperta.
- **Palpebra infe-riore.**
  - TENSIONE . . . .
    - Tesa.
    - Rilassata.
    - Molto rilassata (borsa sottopalpebrale).
  - RUGHE O PIEGHE.

CIGLIA . . . .
- DIMENSIONI . . .
  - Lunghezza . . . .
    - Lunghe.
    - Media lunghezza.
    - Corte.
  - Grossezza . . . .
    - Grossi.
    - Medi.
    - Fini.
- FORMA . . . . . .
  - Rettilinee.
  - Curvilinee.
- FOLTEZZA . . . .
  - Folte.
  - Media foltezza.
  - Rade.
- COLORE . . . . . .
  - Bionde.
  - Rossicce.
  - Castane.
  - Nere.

L'OCCHIO (*Segue*).

BULBO . . . . . .

DIMENSIONE . . .

Grossezza . . . . { Grosso. / Media grossezza. / Piccolo.

Sporgenza . . . . { Molto sporgente. / Media sporgenza. / Infossato.

Simmetria di ambo i bulbi.

DIREZIONE . . . { Diritto. / Obliquo . . . . . { Interno. / Esterno.

Congiuntiva . . . { Non visibile. / Visibile perchè iniettata da sangue (iperemica).

Sclerotide . . . . { Normalmente visibile (a destra ed a sinistra). / Visibile superiormente. / Visibile inferiormente.

Cornea . . . . . . Trasparenza . . . { Normale. / *ARCO SENILE* (strie bigie a semicerchio nella metà superiore).

Iride . . . .

PORZIONI . . . . { Porzione centrale. / Porzione periferica.

COLORAZIONE . .

Forme di distribuzione del colore nella porzione centrale. { Concentrica. / Dentellata. / A festoni. / A raggi. / A chiazze.

Specie dei colori.
Azzurri . . { Cerulei. / Violacei. / Ardesia.
Non azzurri. { Verdastri. / Gialli. / Aranciati. / Castani. / Marrone.

Tono dei colori . { Chiaro. / Intermedio. / Scuro.

Quantità dei colori. { Colore unico nelle due porzioni. / Colori diversi.

Uniformità del colore. { Colore unico uniforme. / Colore unico non uniforme.

ORDINE NELLA DESCRIZIONE. { Se il colore non è unico ed uniforme, indicare prima la *forma*, il *colore* e il *tono* della porzione centrale e poi il *colore* ed il *tono* della porzione periferica.

L' OCCHIO (*Segue*).

RUGHE A ZAM-PA D'OCA.

NUMERO . . . . .
- Molteplici.
- Scarse.
- Mancanti.

POSIZIONE . . . .
- Limitate intorno all'angolo esterno dell'occhio.
- Estese alla guancia.

DIMENSIONI . . .
- Lunghezza.
- Profondità.

SIMMETRIA . . .
- Simmetriche.
- Asimmetriche.

I connotati del segmento facciale intermedio
o naso zigomo-auricolare.

NASO . . . .
- Naso in totalità.
- Radice.
- Dorso.
- Lobo.
- Base.
- Sottosetto nasale.
- Narici.
- Aperture nasali.
- Solco naso-labiale.

ZIGOMI.

ARCATE ZIGOMATICHE.

ORECCHIO . . . . .
- Padiglione in totalità.
- Elice.
- Antelice.
- Conca.
- Antitrago.
- Trago.
- Lobo.

Descrizione dei connotati del segmento intermedio.

IL NASO.

NASO (in totalità).

DIMENSIONI . . .

- Grossezza . . . .
  - Grosso.
  - Media grossezza.
  - Piccolo.
- Lunghezza . . .
  - Lungo.
  - Media lunghezza.
  - Corto.
- Larghezza . . . .
  - Largo.
  - Media larghezza.
  - Stretto.
- Sporgenza . . . .
  - Molto sporgente.
  - Media sporgenza.
  - Poco sporgente.
  - Schiacciato.

PROPORZIONE . .

- Delle diverse dimensioni . . .
  - Proporzionate.
  - Non proporzionate.
- Delle diverse parti . . . .
  - Proporzionate.
  - Quali parti non sono proporzionate.

DIREZIONE . . .

- Verticale.
- Obliqua.
  - A destra (*naso deviato*).
  - A sinistra (*naso deviato*).

FORMA . . . . . .

- *PROFILO LATERALE DEL DORSO E DELLA BASE.*
  (*V. appresso*),
- *PROFILO ANTERIORE.*
  - Rettilineo (*naso diritto*).
  - Curvilineo (*naso storto*).
  - A linea spezzata (*naso storto*).

RADICE. . . . . . .

LARGHEZZA . . .

- Larga.
- Media.
- Stretta.

SPORGENZA . . .

- Molto sporgente.
- Media sporgenza.
- Poco sporgente.
- Schiacciato.

PROFONDITÀ . .

- Molto profondo o incavato.
- Media profondità.
- Profondità minima o mancante (naso greco).

Rughe.

DORSO . . . .

LARGHEZZA . . .

- Largo.
- Medio.
- Stretto o filato.

FORMA DEL *PROFILO LATERALE.*

- Rettilineo.
- Concavo.
- Convesso.
- Ondulato.
- Gibboso.

IL NASO (*Segue*).

LOBO	DIMENSIONE . . .	Grosso. Medio. Piccolo.	
	NUMERO	Lobo unico. Lobo doppio (*naso bilobo*).	
	DIREZIONE . . .	Diritto. Deviato	A destra. A sinistra.
BASE	DIREZIONE DEL PROFILO LATE-RALE.	Orizzontale. Obliquo in alto o (*base rialzata*). Obliquo in basso (*base abbassata*).	
	DIMENSIONE . . .	Larga. Media. Stretta.	
SOTTOSETTO NASALE.	ESTENSIONE . . .	A livello del piano delle narici. Sorpassa il piano delle narici.	
NARICI	GROSSEZZA . . .	Grosse (le narici molto grosse determinano la forma del *naso trilobo*). Media grossezza. Piccole.	
	LUNGHEZZA . . .	Lunghe. Medie. Corte.	
	SPESSORE	Molto spesse. Medio spessore. Sottili.	
	DIVARICAZIONE .	Molto divaricate. Media divaricazione. Poco divaricate.	
	SIMMETRIA . . .	Simmetriche. Asimmetriche per la divaricazione o per la diversità di livello.	
APERTURE NA-SALI.	DIMENSIONE . . .	Molto ampie. Media ampiezza. Poco ampie.	
	FORMA	Circolari. Elittiche.	
	POSIZIONE	Non visibili di fronte. Visibili di fronte.	

GLI ZIGOMI E LE ARCATE ZIGOMATICHE.

ZIGOMI
- DIMENSIONI
  - Grossezza
    - Grossi.
    - Media grossezza.
    - Piccoli.
  - Sporgenza
    - Anteriore
      - Molto sporgenti.
      - Media sporgenza.
      - Poco sporgenti.
      - Schiacciati.
    - Laterale
      - Molto divaricati.
      - Media divaricazione.
      - Schiacciati.
- SIMMETRIA
  - Simmetrici.
  - Asimmetrici
    - Per la posizione (più in alto o più in basso).
    - Per la grossezza.
    - Per la sporgenza.

ARCATE ZIGOMATICHE.
- DIMENSIONI
  - Grossezza
    - Grosse.
    - Media grossezza.
    - Piccole.
  - Sporgenza
    - Molto divaricate (eurignatismo).
    - Media divaricazione.
    - Poco divaricate.
    - Appiattite.
- SIMMETRIA
  - Simmetriche
  - Asimmetriche
    - Per la grossezza.
    - Per la divaricazione.

IL PADIGLIONE DELL'ORECCHIO.

PADIGLIONE (in totalità).
- DIMENSIONI
  - Grossezza in totalità.
  - Lunghezza.
  - Larghezza.
- FORMA
  - Linea di contorno.
    - Curvilinea
      - Ovoidale.
      - Ellissoidale.
      - Circolare.
    - A linea spezzata
      - Triangolare.
      - Quadrangolare.
      - Poligonale.
    - A linea mista
      - Ovoido-poligonale, ecc.
  - Piano della linea di contorno.
    - Diritto.
    - Storto.
- DIREZIONE
  - Asse verticale.
  - Asse obliquo.

IL PADIGLIONE DELL'ORECCHIO (Segue).

PADIGLIONE (in totalità).
(Segue).

INSERZIONE O DIVARICAZIONE.

- Grado della divaricazione.
  - Molto divaricato (*orecchio ad ansa*).
  - Media divaricazione.
  - Poco divaricato.
- Posizione della divaricazione.
  - Uniformemente divaricato.
  - Non uniformemente divaricato (si indichi se la divaricazione è maggiore nella porzione superiore intermedia o inferiore).

IMPIANTO . . . .
- In alto.
- Media altezza.
- In basso.

SIMMETRIA FRA I DUE PADIGLIONI.
- Simmetrici.
- Asimmetrici . . .
  - Per dimensione.
  - Per forma.
  - Per direzione.
  - Per inserzione.
  - Per impianto.

ELICE . . . .

Porzioni . . . . .
- *ORIGINARIA.*
- *SUPERIORE.*
- *POSTERIORE.*

DIMENSIONI . . .
- Estensione . . . .
  - Completa (esistono tutte e tre le porzioni).
  - Incompleta (manca una porzione).
- Grossezza . . . .
  - Intensità . . . . .
    - Grossa.
    - Media grossezza.
    - Piccola.
  - Uniformità . . . .
    - Uniforme.
    - Non uniforme (indicare la porzione dell'elice ove si nota la maggiore o minore grossezza).

Apertura della ripiegatura.
- Ampiezza . . . .
  - Ampia (elice poco ripiegata).
  - Di media ampiezza (elice normalmente ripiegata).
  - Stretta (elice schiacciata o molto ripiegata).
- Uniformità . . . .
  - Uniforme.
  - Non uniforme (indicare la porzione dell'elice ove si nota la maggiore o minore ampiezza dell'apertura).

Piano dell'elice.
- Diritto o rettilineo.
- Ondulato o storto.

SPORGENZE . . .
- Località (*TUBERCOLO DI DARWIN*: Sporgenza all'unione della porzione superiore colla posteriore).
- Grossezza.

IL PADIGLIONE DELL'ORECCHIO (*Segue*).

ANTELICE
- GROSSEZZA
  - Grossa.
  - Media.
  - Piccola.
- SPORGENZA
  - A livello del piano dell'elice.
  - Superiore al livello del piano dell'elice.
  - Inferiore al livello del piano dell'elice.

CONCA
- Ampia.
- Media.
- Stretta.

TRAGO
- GROSSEZZA
  - Grosso.
  - Medio.
  - Piccolo.
- SPORGENZA
  - Molto sporgente.
  - Media sporgenza.
  - Poco sporgente.

ANTITRAGO
- GROSSEZZA
  - Grosso.
  - Medio.
  - Piccolo.
- FORMA
  - Rettilineo.
  - Curvilineo
    - Convesso.
    - Concavo.
- DIREZIONE O INCLINAZIONE
  - Orizzontale.
  - Inclinazione intermedia.
  - Obliquo.
- ROVESCIAMENTO
  - Rovesciato sul lobo.
  - Non rovesciato.

LOBO
- DIMENSIONI
  - Grossezza in totalità.
  - Lunghezza.
- FORMA
  - Circolare.
  - Ovoidale.
  - Elissoidale.
  - Triangolare.
  - Quadrangolare.
- DIREZIONE O INCLINAZIONE.
  - Verticale.
  - Obliqua
    - In avanti.
    - In dietro.
- SUPERFICIE
  - Piana.
  - Convessa.
  - Concava.
  - Ondulata.
- GRADO DI ADERENZA
  - Massimo (*orecchio sessile*).
  - Medio.
  - Minimo.
- Rughe.
- Peli
  - Quantità.
  - Lunghezza.
  - Colore.

I connotati del segmento inferiore o mascellare.

Mascellare superiore. - Guance. - Labbra. - Baffi. - Bocca. - Mandibola. - Barba.

Descrizione dei connotati.

IL MASCELLARE SUPERIORE.

DIMENSIONI . . . { Altezza. / Larghezza. / Sporgenza . . . . { Anteriore (*prognatismo*). / Laterale.

DIREZIONE. . . . { Verticale. / Obliqua.

LE GUANCE.

SPORGENZA . . . { Paffute. / Piane. / Infossate.

TENSIONE . . . . { Tese. / Tensione media. / Rilassate a borsa.

Rughe.

LE LABBRA.

LABBRO SUPE-RIORE.

DIMENSIONI . . . {
Grossezza in totalità.
Altezza . . . . . . { Alto / Medio. / Basso o corto.
Spessore . . . . . { Spesso. / Medio. / Sottile.
Sporgenza . . . . { Molto sporgente. / Media sporgenza. / Non sporgente (a picco). / Più sporgente del labbro inferiore o meno.
}

Solco mediano . { Molto profondo. / Media profondità. / Poco profondo. / Mancante.

Bordo roseo . . { Molto ampio. / Medio. / Deficiente.

Rovesciamento.

Solco naso-labiale. { Profondità. / Lunghezza. / Rughe. / Simmetria.

Rughe.

LE LABBRA (*Segue*).

LABBRO INFE-RIORE ....
- DIMENSIONI ...
  - Grossezza in totalità.
  - Spessore .....
    - Spesso.
    - Medio.
    - Sottile.
  - Sporgenza ....
    - Molto sporgente.
    - Media sporgenza.
    - Non sporgente.
    - Più sporgente del labbro superiore o meno.
- BORDO ROSEO.
  - Molto ampio.
  - Media ampiezza.
  - Deficiente.
- ROVESCIAMENTO.
- SOLCO SOTTOLA-BIALE .....
  - Molto profondo.
  - Media profondità.
  - Poco profondo.
  - Mancante.

I BAFFI.

FOLTEZZA DEL PELO | Baffi folti - Media foltezza - Radi.

DISPOSIZIONE ....
- Uniforme.
- Non uniforme.

COLORE DEL PELO .
- Biondi ......
  - Biondo-rossiccio.
  - Biondo-oro.
  - Biondo-canepa.
- Castani......
  - Chiari.
  - Intermedî.
  - Scuri.
- Canuti ......
  - Grado della canizie.
    - Incipiente.
    - Avanzata.
    - Completa.
  - Uniformità.

FORMA DEL PELO . | Diritti - Lisci - Ondulati.

GROSSEZZA DEL PELO.
- Ispidi - Fini.

DIMENSIONI .....
- Grossezza.
- Lunghezza ...
  - Rasi.
  - Corti.
  - Media lunghezza.
  - Lunghi.

GRADO DI SVILUPPO
- Nascenti.
- A completo sviluppo.

FORMA NELL'INSIE-ME OD ACCONCIA-TURA ....
- A punte diritte.
- A punte rialzate.
- A punte spioventi.
- A punte arricciate.
- Baffi uniti alla barba.

LA BOCCA.

DIMENSIONE . . . . .
- Larga.
- Media.
- Stretta.

RIMA BOCCALE .
- FORMA . . . . . .
  - Rettilinea.
  - Curvilinea . . . .
    - Concavità in alto.
    - Concavità in basso.
- DIREZIONE . . .
  - Diritta (orizzontale).
  - Storta (obliqua).
    - In basso a destra.
    - In basso a sinistra.

APERTURA DELLA BOCCA.
- Bocca molto chiusa.
- Bocca normalmente chiusa.
- Bocca semichiusa.
- Bocca aperta o beante.

RUGHE PERIBOCCALI.
- Estensione.
- Profondità.
- Forma.
- Direzione.
- Simmetria.

DENTI . . . .

Arcate dentarie
- DISPOSIZIONE . .
  - La superiore copre parte della inferiore.
  - Scoperte ambedue.
  - La inferiore copre parte della superiore.

Conformazione dei denti.
- PARTI DEL DENTE.
  - *Radice.*
  - *Collo.*
  - *Corona o margine libero.*
- SPECIE DEI DENTI.
  - *Incisivi mediani.*
  - *Incisivi laterali.*
  - *Canini.*
  - *Premolari.*
  - *Molari.*

Connotati dei denti.
- NUMERO . . . . .
  - Completi.
  - Mancanti.
  - Soprannumerari.
- DIMENSIONI . . .
  - Grossezza.
  - Lunghezza.
  - Uniformità.
- FORMA . . . . . .
  - Regolare.
  - Irregolare.
- DIREZIONE . . .
  - Verticale.
  - Obliqua . . . . .
    - In avanti (*prognatismo dentario*).
    - In dentro.
- IMPIANTO . . . .
  - Rari o fitti . . .
    - Uniformemente.
    - Non uniformemente.
  - Disposizione . . .
    - Regolare.
    - Irregolare.
- Colore . . . . . .
  - Bianchi.
  - Giallastri.
  - Nerastri.

LA MANDIBOLA.

LA MANDIBOLA (in totalità).	DIMENSIONI . . .	Grossezza in totalità. Altezza. Larghezza. Sporgenza (*progeneismo*). Divaricazione laterale. Proporzione colle altre parti della faccia.		
	DIREZIONE DEL PIANO.	Orizzontale. Obliqua.		
	FORMA DELLA *LINEA DI CONTORNO*.	A linea curva. A linea spezzata.		
	PARTI COMPONENTI.	Parte mediana o *CORPO DELLA MANDIBOLA*. Parti laterali o *BRANCHE MONTANTI*.		
	RAPPORTO FRA LE PARTI.	Prevalenza della parte mediana. Prevalenza delle parti laterali.		

MENTO	DIMENSIONI . . .	Grossezza in totalità. Altezza. Lunghezza. Sporgenza.		
	DIREZIONE. . . .	Verticale. Obliqua.	In avanti. In dietro.
	FORMA	Profilo laterale .	Rettilineo. Curvilineo.
		Profilo anteriore	Circolare. Quadrato. A punta.
	Fossetta mentoniera.	Estensione. Profondità (se è molto profonda il mento dicesi *bilobo*).		
	Doppio mento (piega del doppio mento).			
	Rughe	*MENTONIERE.* *GENIOMENTONIERE O ZIGOMATICHE MANDIBOLARI.*		

PARTI LATERALI O BRANCHE MONTANTI.	DIMENSIONI . . .	Grossezza. Divaricazione.		
	Angoli della mandibola.	Grossezza. Sporgenza. Divaricazione.		

LA BARBA.

LUNGHEZZA ...
- Uniforme ....
  - Rasa.
  - Corta.
  - Media lunghezza.
  - Lunga.
  - Fluente.
- Non uniforme (indicare ove è più lunga ed ove meno).

FOLTEZZA ....
- Folta.
- Rada.
- Uniformemente.
- Non uniformemente (indicare le parti in cui è più o meno folta).

GRADO DI SVILUPPO.
- Nascente.
- A pieno sviluppo.

FORMA NELL'INSIEME OD ACCONCIATURA.
- Accurata.
- Trasandata.
- Incolta,
- Alla nazzarena.
- A collare.
- A pizzo.
- A becco.
- A basette.
- A scopettoni o favoriti, ecc.

COLORE .....
- Bionda ......
  - Biondo-rossiccia.
  - Biondo-oro.
  - Biondo-canepa.
- Castana .....
  - Castano-chiaro.
  - Castano-intermedio.
  - Castano-scuro.
- Nera.
- Bianca .....
  - Grado della canizie.
    - Incipiente.
    - Avanzato.
    - Completo.
  - Disposizione della canizie.
    - Uniforme.
    - Non uniforme.

Il pelo ......
- FORMA ......
  - Liscio.
  - Ondulato.
  - Ricciuto.
- GROSSEZZA ...
  - Ispido.
  - Fine.

Il tronco.

PARTI CHE COM-
PONGONO IL
TRONCO.
{ Collo.
Torace.
Addome.
Dorso.
Bacino.

SCHELETRO. . . .

Colonna verte-
brale.
{ N. 7 VERTEBRE CERVICALI (collo).
N. 12 VERTEBRE DORSALI (dorso).
N. 5 VERTEBRE LOMBARI (lombi).

Gabbia toracica.

STERNO
{ Manubrio dello sterno (fossetta cor-
rispondente al *giugolo*).
Corpo dello sterno.
Apofisi xifoide dello sterno.

COSTE
N. 12.
{ Estremità posteriore o vertebrale.
Corpo o arco.
Estremità ante-
riore cartilagi-
nea.
{ Sternale in 7.
Costale in 5.

Bacino . . . . . .

OSSA
ILIACHE

*Porzione
superiore* } Ileo . . . . {
Margine superio-
re: *CRESTA ILIA-
CA.*
Estremo ante-
riore: *SPINA AN-
TERO - SUPERIO-
RE.*

*Porzione
intermedia* } Cavità cotiloidea.

*Porzione
inferiore*
{ Parte anteriore: *PUBE.*
Parte mediana: foro otturatore.
Parte inferiore post.: *ISCHIO.*

SACRO.

COCCIGE.

DIMENSIONI . . .

IN TOTALITÀ . . | Grossezza.

SINGOLE . . . . . { Larghezza.
Lunghezza o altezza.

PROPORZIONE . .

Colla statura . . { In eccesso (*macroschele*).
In difetto (*brachischele*).

Cogli arti . . . . { In eccesso.
In difetto.

Connotati delle parti che compongono il tronco.

IL COLLO.

Dimensioni . . . { Grossezza. / Lunghezza. / Proporzione.

Prominenza la- { Molto sporgente. / Media sporgenza. / Non sporgente.
ringea.

Rughe . . . . . { Giugulari o longitudinali. / Trasversali. / Laterali.

Pieghe . . . . . { Trasversali. / Longitudinali.

IL TORACE.

Dimensioni . . .
- In totalità. . . . | Grossezza.
- Singole . . . . . { Larghezza. / Lunghezza. / Sporgenza.
- Proporzioni . . . { Colla statura. / Coll'addome. / Cogli arti.

Forma . . . . . { Conica. / Cilindrica.

L'ADDOME.

Dimensioni . . .
- In totalità . . . . | Grossezza.
- Singole . . . . . { Larghezza. / Lunghezza o altezza. / Sporgenza.
- Proporzioni . . . { Colla statura. / Col torace. / Cogli arti.

Forma . . . . . { A cilindro. / A barile.

IL DORSO.

DIMENSIONI . . .
- In totalità . . . . | Grossezza.
- Singole . . . . . . { Lunghezza. Larghezza.
- Proporzioni . . . { Colla statura. Cogli arti.

FORMA DEL CON-TORNO.
- Convessa . . . . . { Molto convessa. Media convessità.
- Rettilinea.
- Concavo (nelle regioni lombari).

IL BACINO.

DIMENSIONI . . . { Altezza. Larghezza.

FORMA . . . . . . { Maschile. Femminile.

Le estremità.

ESTREMITÀ SUPERIORI.
- Spalle.
- Braccia.
- Avambracci.
- Mani.
- Dita.

ESTREMITÀ INFERIORI.
- Anche.
- Cosce.
- Gambe.
- Piedi.

Connotati delle estremità superiori.

ESTREMITÀ SU-PERIORI (in totalità).
- Grossezza.
- Lunghezza.
- Proporzioni . . .
  - Colla statura.
  - Col tronco
  - Cogli arti inferiori.

LE SPALLE.

SCHELETRO . . .
- *CLAVICOLA.*
- *SCAPOLA.*

DIMENSIONI . . . . .
- Grossezza.
- Larghezza.
- Sporgenza del *MONCONE DEL-LA SPALLA.*
  - Posteriore.
  - Anteriore.
  - Superiore (spalle rialzate).

FORMA . . . .
- Rettilinee.
- Curvilinee.

DIREZIONE O INCLI-NAZIONE.
- Molto oblique.
- Media obliquità.
- Orizzontali.

SIMMETRIA . . . . .
- Simmetriche.
- Asimmetriche.

LE BRACCIA.

SCHELETRO . . . | *OMERO.*

DIMENSIONI . . . . .
- Grossezza.
- Lunghezza.

PROPORZIONE COLL'AVAMBRACCIO.
SIMMETRIA.

GLI AVAMBRACCI.

SCHELETRO ... { *OUBITO.* / *RADIO.*

DIMENSIONE..... | Grossezza - Lunghezza.
PROPORZIONE COLLE BRACCIA.
SIMMETRIA.

LE MANI.

SCHELETRO ...

- **Carpo** ......
  - 1ª fila, 4 ossa carpee. { *SCAFOIDE.* / *SEMILUNARE.* / *PIRAMIDALE.* / *PISIFORME.*
  - 2ª fila, 4 ossa carpee. { *TRAPEZIO.* / *TRAPEZIODE.* / *GRANDE OSSO.* / *OSSO UNCIFORME.*
- **Metacarpo....** | 5 *OSSA METACARPEE.*
- **Dita** .... { 1ᵉ *FALANGI* (N. 5). / 2ᵘ *FALANGI* (N. 5). / 3ᵉ *FALANGI E FALANGETTE* (N. 5).

CONNOTATI (in totalità).

- DIMENSIONI ... { Grossezza. / Lunghezza. / Larghezza. / Proporzione ... { Colla statura. / Coll'arto.
- FORMA ...... | Rozza – Comune - Gentile.
- SIMMETRIA.

SEGMENTI ....

- **Polso.**
- **Palma** ......
  - PARTI COMPONENTI. { *Eminenza tenace.* / *Eminenza ipotenace.* / *Cavo mediano.* / *Linee palmari.*
  - DIMENSIONI ... { Larghezza. / Grossezza. / Proporzione colle dita. / Grossezza delle eminenze. / Profondità del cavo.
  - FORMA DELLE LINEE PALMARI. { Curvilinee. / Rettilinee.
- **Dorso** ...... | *Sporgenza delle nocche.*

DITA ....

- DIMENSIONI ... { Grossezza. / Lunghezza.
- FORMA ...... { Cilindriche. / Affusolate. / Nodose. / A bacchetta da tamburo.
- **Unghie** ......
  - DIMENSIONI ... { Lunghezza. / Larghezza.
  - FORMA ...... { Ovoidale spiccata. / A linea spezzata.
  - SUPERFICIE ... | Molto o poco convessa.

Connotati delle estremità inferiori.

ESTREMITÀ IN-
FERIORI (in to-
talità).

DIMENSIONI . . .	Lunghezza.	
	Proporzione . . .	Colla statura.
		Col tronco.
		Con gli arti superiori.
DIREZIONE. . . .	Diritte.	
	Oblique.	
FORMA DEL PRO- FILO LATERA- LE ESTERNO.	Rettilinea.	
	Curvilinea.	Concavità esterna.
		Concavità interna.

LE ANCHE.

SCHELETRO . . . | *OSSA ILIACHE.*

PARTI LATERA-
LI O FIANCHI.

DIMENSIONI . . .	Altezza.
	Larghezza.
	Sporgenza.
FORMA	Contorno convesso.
	Contorno rettilineo.

PARTI POSTE-
RIORI O NATI-
CHE.

DIMENSIONI . . .	Grossezza.
	Sporgenza.
FORMA	Rotondeggiante.
	Appiattita.

LE COSCE.

SCHELETRO. . . . | *FEMORE.*

DIMENSIONI	Grossezza.	
	Lunghezza.	
DIREZIONE	Obliquità.	Esagerata.
		Media.
		Scarsa.

LE GAMBE.

SCHELETRO. . . .

	ROTULA.
	TIBIA.
	FIBULA.

| DIREZIONE. . . . . . | Diritte o verticali. |
| | Oblique o storte. |

LE GAMBE (*Segue*).

DIMENSIONI . . . . . { Grossezza. / Lunghezza.

FORMA . . . . { Rettilinea. / Curvilinea . . . . { Concavità esterna. / Concavità interna.

IL PIEDE.

SCHELETRO. . . . {
Tarso . . . . . . {
1ª Serie, 3 ossa { *ASTRAGALO.* / *CALCAGNO.* / *SCAFOIDE.*
2ª Serie, 4 ossa { 1ª *CUNEIFORME.* / 2ª *CUNEIFORME.* / 3ª *CUNEIFORME.* / *CUBOIDE.*
}
Metatarso . . . . | 5 *OSSA METATARSEE.*
Dita. . . . . { 1ᵉ *FALANGI* (N. 5). / 2ᵉ *FALANGI* (N. 5). / 3ᵉ *FALANGI* (N. 5).
}

DIMENSIONI . . . . . {
Grossezza . . . . { Assoluta. / Proporzione colla statura.
Lunghezza. / Larghezza.
}

DIREZIONE. . . . . . { Molto obliqua. / Normalmente obliqua. / Poco obliqua.

FORMA . . . . { Grossolana. / Fina. / Media.

SEGMENTI . . . . . . {
Collo del piede. / Dorso del piede.
Pianta del piede {
ARCATA PLAN-TARE. { Alta. / Media altezza. / Bassa. / Appiattita.
IMPRONTA OD ORMA (V. appresso).
}
}

DITA . . . . {
DIMENSIONI . . . { Grossezza. / Altezza.
DIREZIONE 1° DITO. { Verticale. / Obliqua.
FORMA . . . . . . { Rettilinea. / Curvilinea.
Divaricazione (specie fra il 1° e il 2° dito). { Riunite. / Divaricate . . . . { Poco. / Molto.
}

II.

I contrassegni particolari.

Descrizione de' contrassegni particolari.

Specie di contras-segni particolari.
{
CICATRICI.

TATUAGGI.

CALLOSITÀ ED ALTRI CARATTERI PROFESSIONALI.

ANOMALIE E DEFORMITÀ.

IL TIPO ANTROPOLOGICO SOMATICO.
}

Localizzazione de' contrassegni particolari.

LE CICATRICI.

DIMENSIONI . . . . .
- Lunghezza.
- Larghezza.
- Profondità.

FORMA . . . .
- *Lineare* . . . . .
  - Rettilinea.
  - Curvilinea . . . .
    - Concavità in alto.
    - Concavità in basso.
    - Concavità a sinistra.
    - Concavità a destra.
  - A linea spezzata.
  - A linea ondulata.
- *Non lineare* . . .
  - Regolare . . . . .
    - Circolare.
    - Ovoidale.
    - Elissoidale.
    - Fusiforme.
    - Triangolare.
    - Quadrangolare.
    - Poligonale, ecc.
  - Irregolare.

DIREZIONE . . . . .
- Verticale.
- Orizzontale.
- Obliqua . . . . .
  - Da destra a sinistra, o viceversa.
  - Dall'interno all'esterno, o viceversa.
  - Dall'alto in basso, o viceversa.

SUPERFICIE . . . . . | Piana - Convessa - Concava.

COLORE . . . .
- Roseo più o meno lucente.
- Bianco più o meno lucente.

POSIZIONE . . . . . . Indicare la *regione del corpo* in cui è situata, e la distanza dal più vicino punto o *limite di ritrovo*. (V. a pag. 64).

DATA D'ORIGINE . .
- Antica.
- Recente.

NATURA . . . .
- *Traumatica* . . .
  - Da armi . . . . .
    - Contundenti.
    - Laceranti.
    - Taglienti.
    - Da punta.
    - Da fuoco.
  - Da sostanze scottanti.
    - Fiamma.
    - Corpi incandescenti.
    - Liquido in ebollizione.
    - Vapore a forte pressione e ad alta temperatura.
  - Da liquidi caustici.
    - Acido solforico.
    - Acido nitrico.
    - Potassa caustica, ecc.
  - Da elettricità.
  - Da raggi Röntgen.
- *Patologica* . . . .
  - Chirurgica.
  - Morbosa (scorbuto, scrofola, sifil de, malattie cutanee, ecc.).
- *Etnica* . . . . . .
  - Evirazione.
  - Recisione scroto.
  - Circoncisione.
  - Sfregio.
  - Duelli.

(V. a pag. 64).

IL TATUAGGIO.

DIFFUSIONE . . . {
Le razze.
I paesi.
Le società.
L'età.
La religione.
Le professioni.
La delinquenza.

TATUAGGIO . . . {

ESTENSIONE . . . { Lunghezza.
Larghezza.

NUMERO . . . . . { Unico.
Varî.

FORMA DEL DI-SEGNO. { Oggetti.
Fiori.
Figure d'uomini.
Geroglifici.
Parole.
Scritti.

COLORE . . . . . { Azzurro.
Rosso.

TEMPO DA CUI FU ESEGUITO. { Antico.
Recente.

EVIDENZA . . . . { Molto evidente.
Poco evidente.

CARATTERE DEL DISEGNO. { Primitivo.
Semplice.
Artistico.

TECNICA DI ESE-CUZIONE. { Ordinaria.
Perfezionata.

POSIZIONE . . . . { Indicare la *regione del corpo* in cui è situato e la distanza dal più vicino *punto o limite di ritrovo*. (V. a pag. 64).

SIGNIFICATO . . . { Indifferente (automatico o per imitazione).
Etnico.
Ornamentale.
Biografico.
Professionale.
Religioso.
Affettivo.
Politico.
Settario.
Sessuale.
Osceno.
Criminoso.

CALLOSITÀ E ALTRI CARATTERI PROFESSIONALI.

Importanza di questi caratteri per l'identificazione biografica.

VARIETÀ E ORIGINE DEI PRINCIPALI CARATTERI PROFESSIONALI.

Callosità (ipertrofia della pelle).
- *Alle mani* (contadini, manuali, braccianti, calzolai, conciatori, fabbricanti di lime, carcerati, ecc.).
- *Agli avambracci* (arrotatori di vetro).
- *Alle cosce e ginocchi* (calzolai).
- *Alle spalle o al dorso* (portatori di pesi).

Colorazione dei tessuti o di parti del corpo.
- *Pelle, mucose, congiuntive* (carbonai, macchinisti, mugnai, tipografi, ecc.).
- *Denti* (operai che manipolano piombo, ecc.).
- *Unghie* (colori che si fissano alla matrice e al bordo libero delle unghie).

Tatuaggi metallici o minerali.
- (Scalpellini, muratori, arrotini, ecc.).

Lesioni della pelle e delle appendici cutanee.
- *Arrossamenti* (eritema).
  - Sguatteri.
  - Lavandaie, ecc.
- *Graffiature* . . . . | Macellai, ecc.
- *Scottature* . . . .
  - Faville (fabbri, fonditori, vetrai, stiratrici, ecc.).
  - Liquidi caustici (fotografi, litografi, stagnari, chimici, ecc.).
- *Seghettature delle unghie.*
- *Ragadi.*
- *Dermatiti* . . . .
  - Da caldo.
  - Da freddo.
  - Da sostanze irritanti.

Cicatrici.

Alterazione dei tessuti.
- *Ipertrofie muscolari* (lottatori, manuali, ecc.).
- *Tumori adiposi* (facchini, ecc.)

Alterazioni delle articolazioni.
- *Incurvatura della spalla o di un arto.*
- *Contratture* (mano ad uncini nei lavoratori del vetro).
- *Anchilosi.*
- *Geniovalgo* (fornai, ecc.).
- *Piede piatto* (commessi, tranvieri, camerieri di caffè, ecc.).
- *Deformazioni toraciche* (carusi, ecc.).

SEGNALAMENTO DEI CARATTERI PROFESSIONALI.

- DESCRIZIONE.
- POSIZIONE . . . . Indicare la *regione del corpo* in cui è situato e la distanza dal più vicino *punto o limite di ritrovo.*
- NUMERO.
- ORIGINE.

Anomalie e deformità.

CLASSIFICA-ZIONE.

1. ATAVISTICHE.

2. ARRESTO DI SVILUPPO.

3. TERATOLOGICHE (MOSTRUOSITÀ).

Anomalie congenite.

4. ATIPICHE . .
- *ASIMMETRIE.*
- *ANTIEURITMIE.*
- *ATROFIE.*
- *IPERTROFIE.*
- *ETEROTIPIE.*
- *INVERTIMENTO PER ETÀ.*
- *INVERTIMENTO PER SESSO.*
- *INVERTIMENTO PER RAZZA.*
- *ACCIDENTALI.*

5. PATOLOGICHE.

Acquisite . . . .

6. PATOLOGICHE.

7. TRAUMATICHE
- *ACCIDENTALI.*
- *NON ACCIDENTALI*
  - *Criminose.*
  - *Tentat. suicidio.*
  - *Simulazione e dis-simulazione.*

Le principali anomalie e deformità

CUTE.

3) [1] Nei pigmentari, nei vascolari. Voglie.

4) Pelle molto bianca priva o quasi di pigmento (*Albinismo*) — Pelle molto bruna, nera (*Melanodermia*) — Chiazze di pelle rosse (*voglie o angiomi*) — Piccole macchie nere (*Nei pigmentari*) — Piccole macchie rosse dovute a ipertrofia della rete capillare (*Nei vascolari*) — Macchie gialle — Lentiggini — Nei rilevati — Porri semplici — Porri peduncolati — Rughe precoci.

5) Pelle molto spessa e dura (*Sclerodermia*) — Pelle a forma di scaglie (*Ictiosi*).

6) Abbrunimento della pelle (*Melanodermia acquisita - Morbo bronzino di Addison* detto anche *Malattia dei vagabondi*) — Pelle gialla (*Ittero*) — Ipertrofia della pelle — Desquamazione (*Ictiosi*) — Dermatosi, eruzioni: macchie rosse (*Pappole*) — Pustole — Butteri da vaiolo — Escoriazioni, esulcerazioni patologiche (ulcerazioni scorbutiche, sifilitiche e scrofolose).

7) Macchie rosse temporanee per emorragie sottocutanee (*Ecchimosi*) — Esulcerazioni epidermiche — Scorticature ed esulcerazioni della pelle.

PELI, CAPELLI, UNGHIE.

1 e 2) Peli sviluppati in tutta la superficie della pelle (*Ipertricosi generalizzata,* (Uomo cane) — Peli sviluppati in alcune regioni ordinariamente non ricoperte da peli (*Ipertricosi localizzata lombo-sacrale*) — Unghie molto sottili friabili o molto spesse — Unghie mancanti — Unghie arrotondite a segmento di sfera.

Capelli inseriti molto avanti nella fronte, linea d'inserzione circolare — Doppio vortice dei capelli — Vortici soprannumerari — Vortice eterotipo.

4) Capelli crespi lanosi in individuo di razza caucasica — Ciuffi di capelli, di barba, di baffi di colori diversi — Peli bianchi per albinismo — Capelli molto grossi (setole).

6) Canizie precoce — Chiazze di canizie — Calvizie precoce — Chiazze di calvizie.

---

[1] Il numero si riferisce al significato probabile dell'anomalia secondo la classificazione precedente.

TESTA.

1) Testa con sezione cranica deficiente — Segmento anteriore deficiente assai sfuggente (*Sub-microcefalia frontale*) — Fosse temporali molto depresse (*Stenocrotafia*) — Testa a contorno spiccatamente poligonale (*Cranio poliedrico*) — Testa a contorno a borsa (*Birsoide*).

2) Testa molto piccola specialmente nel segmento anteriore (*Microcefalia*).

3) Mancanza di calotta cranica (*Anencefalia*) — Testa enorme (*Cefalonia*).

4) Testa grossa (*Macrocefalia*) — Testa uniformemente piccola (*Nanocefalia*) — Testa molto larga (*Ultrabrachicefalia*) — Testa molto stretta (*Ultradolicocefalia*) — Testa rotonda (*Trococefalia*) — Testa molto alta (*Acrocefalia, a torre*) — Testa molto piatta (*Platicefalia*) — Testa a carena di nave molto sporgente nella linea mediana (*Scafocefalia*) — Testa a forma di sella (*Clinocefalia*) — Testa a cono col vertice spiccatissimo anteriormente (*Oxicefalia*); vertice spiccatissimo nel segmento intermedio (*Sfenocefalia*); vertice spiccatissimo nel segmento posteriore (*Ipsicefalia*) — Occipite molto sporgente e vertice posteriore esageratissimo (*Cimbocefalia*); occipite diritto (*Platicefalia occipitale*); occipite a bisaccia.

Testa molto asimmetrica (una metà molto meno o più sviluppata dell'altra) — Testa storta, l'asse è obliquo — Forte asimmetria del cranio per la sporgenza notevole di una parte più o meno estesa della calotta cranica (*Plagiocefalia*).

5) Testa molto grossa per idrope dei ventricoli cerebrali (*Idrocefalia*).

7) Deformazioni artificiali del cranio proveniente da usi speciali in alcuni paesi.

FACCIA.

1) Faccia molto più sviluppata del cranio — Contorno facciale spiccatamente poligonale, specie a losanga (*Faccia poliedrica*) — Segmento superiore molto deficiente — Fronte molto piccola, molto bassa, stretta, a profilo concavo, sfuggente — Arcate orbitarie e sopraccigliari molto sporgenti — Seni frontali e glabella molto sporgenti — Apofisi orbitaria esterna dell'osso frontale molto sviluppata — Tempie molto depresse (*Stenocrotafia*) — Spazio interorbitario molto largo — Aperture palpebrali molto piccole.

4

Zigomi molto sviluppati divaricati, arcate zigomatiche molto divaricate — Prognatismo superiore o nasale (*Tipo negroide*) — Prognatismo subnasale o alveolare (*Profatnia di Sergi*) — Margine alveolare conformato ad *U* o a ferro di cavallo — Palato molto stretto.

Segmento mascellare molto grosso, prevalente sugli altri segmenti — Mandibola enorme — Grossa sporgenza della mandibola in corrispondenza dell'angolo (*Apofisi lemuriana*) — Mento molto piccolo e sfuggente — Mandibola a forma ellittica.

2) Fronte infantile diritta, ad angolo quasi retto colla calotta cranica.

4) Asimmetria della faccia molto marcata — Faccia storta e asimmetrica (*Plagioprosopia*) — Contorno facciale a losanga allargata — Tempie strette — Divaricazione enorme degli zigomi e delle arcate zigomatiche (*Tipo mongoloide*).

6) Arresto di sviluppo d'una metà della faccia (*Emiatrofia facciale*) — Distruzione di parti della faccia da tumori — Distruzione di parti della faccia da manifestazioni sifilitiche.

7) Mutilazione o mancanza di parti della faccia per asportazioni chirurgiche per tumori, per esempio: Asportazione della mandibola.

OCCHI.

1) Sopracciglia molto spesse, riunite — Apertura palpebrale ristretta (*Fimosi palpebrale*).

2) Fessura congenita delle palpebre (*Coloboma palpebrale*) — Fessura iride o pupilla a buco di serratura (*Coloboma dell'iride*) — Fessura palpebrale molto stretta e grossa ripegatura della porzione fissa palpebrale (*Epicantus*).

3) Aderenze delle palpebre fra loro e il globo oculare — Fessura palpebrale chiusa — Mancanza dell'occhio (*Anoftalmo*) — Un occhio solo centrale (*Ciclopia*) — Assenza dell'iride.

4) Occhio molto grosso (*Macroftalmia*) e occhio molto piccolo (*Microftalmo*) — Occhio con angolo interno coperto da briglia cutanea, fessura palpebrale obliqua esterna, apertura a mandorla (*Occhio mongoloide*) — Largo spazio interorbitario — Asimmetria delle orbite — Asimmetria dei bulbi — Iride di colori diversi nei due bulbi (*Bi-* o *pluricromatismo dell'iride*) — Irregolarità delle cornee (*Astigmatismo*).

Pupilla eccentrica (*Corectopia*) — Pupille multiple (*Polycoria*) — Pupilla molto piccola (*Miosi*) — Pupilla molto larga (*Midriasi*).

5) Palpebre superiori abbassate (*Ptosi*) — Strabismo esagerato, unico o doppio, convergente o divergente — Opacamento del cristallino (*Cateratta congenita*) — Occhio molto sporgente (*Esoftalmo*) — Occhi di bue (*Buftalmo*).

6) Tumori delle palpebre — Arrovesciamento in fuori del margine palpebrale (*Ectropion*) — Arrovesciamento in dentro del margine palpebrale (*Entropion*) — Mancanza delle ciglia — Perdita dell'occhio (*Anoftalmo*) — Macchie corneali (*Leucomi*) — Aderenza dell'iride alla cornea (*Sinechie*) — Pupilla fessa da escisione (*Coloboma*).

7) Occhio di vetro (*Protesi*).

NASO.

1) Naso molto schiacciato e corto (*Platirinnia*) — Naso trilobo — Aperture narici rotonde molto visibili in avanti, assai divergenti — Narici molto corte — Setto nasale spesso triangolare.

2) Naso infantile: corto, radice schiacciata, dorso largo, narici divaricate.

3) Mancanza totale del naso. — Mancanza del setto.

4) Naso molto grosso, naso molto piccolo, naso molto schiacciato alla radice e al dorso — Naso deviato fortemente — Naso storto assai — Dorso del naso molto largo — Dorso del naso molto sottile (*Filato*) — Gobba nasale — Punta del naso molto grossa.

6) Naso bitorzoluto da alcoolista — Tumori — Perdita del naso, o parte del naso, da sifilide.

7) Assenza del naso, o parte, da trauma.

ORECCHIO.

1) Padiglione piccolo rotondo — Padiglione appiattito — Padiglione a punta — Padiglione molto corto e molto largo — Padiglione molto distaccato dal cranio (*Orecchie ad ansa*) — Elice atrofico o incompleto — Angolo pronunciato tra la porzione superiore e la porzione posteriore dell'elice (*Angolo o punta di Darwin*) — Grosso tubercolo in questa porzione (*Tubercolo di Darwin*) — Peli sviluppati nella porzione superiore e posteriore dell'elice in direzione opposta incontrandosi in corrispondenza dell'angolo di Darwin — Assenza o riduzione dell'antelice — Terza ripiegatura dell'antelice — Radice dell'elice che raggiunge l'antelice dividendo la conca in due sezioni — Antelice molto sviluppato con elice molto deficiente (*Orecchio di Wildermuth*) — Ciuffo di peli molto sviluppato avanti al trago — Lobo coperto di peli lunghi e folti — Mancanza del lobo — Lobo molto piccolo inserentesi completamente ad angolo molto acuto alla guancia.

2) Fessura del lobo.

3) Mancanza del padiglione — Atrofia del padiglione ridotto ad una piccola prominenza carnosa — Lobo mancante — Padiglione atrofico con chiusura del condotto uditivo — Antelice aderente all'elice.

4) Padiglione storto — Padiglioni asimmetrici per grossezza e per impianto — Padiglione molto piccolo — Padiglione molto grande — Parte superiore del padiglione molto grossa e cascante — Elice ipertrofico — Elice a cartoccio — Sviluppo molto esagerato di una porzione dell'elice — Elice molto sporgente — Antelice atrofico — Trago biforcato — Lobo molto grande, molto lungo — Lobo ripiegato — Conca molto ampia — Conca molto stretta e profonda atrofia — Doccia sotto il trago molto stretta.

6) Rigonfiamento ed arrossamento della piega superiore della porzione superiore dell'antelice (Otoematoma).

7) Lobo fesso — Lobo forato.

LABBRA.

1) Labbra molto carnose sporgenti — Labbro superiore tagliato verticalmente con margine roseo non visibile — Labbra molto rovesciate — Labbra inferiori cadenti.

3) Labbro diviso o fesso nella linea mediana (Labbro leporino) — Labbro diviso, con fessura del mascellare, della volta palatina, del velo pendolo (Gola di lupo).

DENTI.

1) Prognatismo dentario — Arcate dentarie non accavallate — Denti soprannumerari — Incisivi mediani molto grossi — Incisivi laterali della forma dei canini — Incisivi con forma di zanne, o a ventaglio, o piramidali — Denti conici soprannumerari appuntiti fra i due incisivi mediani superiori — Canini eccessivamente sviluppati e incurvati, e presenza di insolcatura nella faccia antero-interna come nel gorilla — Sporgenza del canino sul livello dell'arcata (Tipo belluino) — Spazio ampio tra i due incisivi superiori mediani (Diastema mediano) — Spazio ampio fra gli incisivi superiori laterali e il canino (Diastema laterale) — Molari molto sviluppati con cuspidi molto grosse e con incisura molto profonda nel contorno esterno — Premolari e primi molari decrescenti — Denti molto simili fra loro (Omodontismo) — Denti diretti obliquamente in avanti o indietro, o disposti ad embrice — Denti incurvati nell'asse (Opistogenismo alveolare di Lutzerberger).

2) Persistenza dei denti di latte.

4) Denti impiantati abnormemente e irregolarmente accavallati — Denti sopran-
numerari — Denti eterotipi — Denti a tipo diverso dalla norma — Denti disuguali
— Denti molto grossi (*Macrodentismo*) — Denti molto piccoli (*Microdentismo*) —
Incisivi mediani saldati.

5) Denti incisivi a corona curvilinea con erosioni (*Sifilide ereditaria tardiva –
Denti di Hutchinson*) — Denti con margine libero a sega, merlati (*Denti rachitici*)
— Denti solcati verticalmente o trasversalmente — Denti molto rari, amorfi (*Cre-
tinesimo*).

6) Carie dentaria — Orlo gengivale nerastro — Mancanza di denti, ecc.

7) Denti rotti. Protesi — Usura dei denti.

COLLO.

1) Collo continuantesi direttamente coll'occipite – Molto breve.

4) Rughe molteplici verticali – Rughe trasversali.

5 e 6) Gozzo mediano laterale — Collo grosso (*Mixoedema*).

TORACE.

1) Costole soprannumerarie o mancanti.

2) Torace *ad imbuto*, presentante cioè una escavazione imbutiforme alla regione
sternale — Torace a *gronda*, presentante una escavazione a doccia nella regione
sternale.

3) Assenza dello sterno.

4) Torace appiattito — Torace asimmetrico.

5) Torace cilindrico molto lungo — Torace carenato per sporgenze mediane
verticali nella regione sternale — Torace con gobbe.

7) Assenza di qualche frammento di arco costale per *resezione*.

MAMMELLE.

1) Più mammelle (*Polimastia*) — Mammelle soprannumerarie fuori di luogo,
in altre parti del corpo (*ectopiche*) — Capezzoli molteplici, soprannumerari, ectopici.

2) Mammelle atrofiche.

4) Mammelle molto sviluppate nei maschi (*Gimnecomostia*) — Assenza o atrofia delle mammelle in femmine — Mammelle enormi — Capezzoli ipertrofici - Capezzoli atrofici.

6) Tumori.

7) Mancanza di mammelle per asportazione.

DORSO E RACHIDE.

1) Sacro e coccige diritti — Ciuffo grosso di peli di varia forma ed estensione alla linea mediana della regione lombare (*Ipertricosi lombare*) — Rudimento di coda.

2) Rachide aperto posteriormente (*Spina bifida*).

4) Curvatura della colonna vertebrale laterale destra o sinistra (*Scoliosi*) — Curvatura posteriore (*Cifosi*) — Curvatura anteriore (*Lordosi*)

ADDOME.

1) Addome protundente su gambe corte.

3) Vescica che si apre sotto la regione ombelicale (*Extrofia della vescica*).

5) Sporgenza di parte di ansa intestinale al di fuori del ventre (*Ernie*).

6) Tumori.

7) Cicatrici da *laparotomia*.

ARTI.

1) Arti superiori in eccesso rispetto la statura — Spalle deficienti per le clavicole molto corte, braccia pendenti in avanti come negli antropoidi — Braccia molto lunghe — Avambraccio corto in rapporto al braccio — Mano tozza — Dita insieme riunite alla inserzione metacarpea per la persistenza della membrana interdigitale (*Palmidactilia*) — Dita soprannumerarie (*Polidactilia*) — Pollice molto corto — Scarso sviluppo dell'eminenza tenare e ipotenare — Piede piatto — Piede con largo spazio tra primo e secondo dito (*Piede prensile*) — Pollice deviato all'interno — Falangi a birilli — Piega palmare rettilinea trasversa unica — Due pieghe palmari parallele rettilinee — Impronte digitali primitive — Anse papillari, strette, distinte alla palma della mano sotto la piega digitale — Sistemi interpolari di linee papillari nella palma della mano.

2 e 3) Assenza completa di uno dei due arti (*Ectromelia*) — Arto accorciato, atrofico, terminante con un moncone, mancando o la mano o il piede o l'avambraccio (*Emimelia*) — Mani e piedi che si distaccano dal tronco direttamente come gli arti anteriori delle foche (*Focomelia*) — Saldature degli arti inferiori (*Simelia*) — Assenza della tibia, del perone — Arti molto corti (*Brachimelia*) — Arti molto lunghi (*Dolicomelia*) — Volume eccessivo degli arti (*Megalomelia*) — Assenza completa delle dita (*Adactilia*) — Mancanza di alcune dita ridotte a bottoni carnosi (*Ectrodactilia*) — Brevità eccessiva di una o più dita (*Brachidactilia*) — Eccesso di sviluppo di una o più dita (*Macrodactilia*) — Mancanza delle falangi — Dita saldate assieme (*Sindactilia*) — Mano ripiegata sull'avambraccio — Piede flesso sulla faccia plantare all'interno o all'esterno (*Piede equino varo o valgo*).

4) Lunghezza esagerata degli arti inferiori — Asimmetria degli arti — Difetto di proporzione fra i diversi segmenti degli arti — Mano molto breve — Ossa metacarpee di diversa lunghezza — *Dita a bacchetta da tamburo* — Dita *nodose*.

5) Arti inferiori (a livello dei ginocchi) arcuati a concavità interna (*Genio varo*) — Arti inferiori arcuati a concavità esterna (*Genio valgo*).

6) Articolazioni rigide (*Anchilosi*) nella flessione o nell'estensione — Rigonfiamento dei capi articolari.

7) Arto o segmento amputato — Dita mancanti — Falangi mancanti.

ORGANI GENITALI.

1 e 2) Testicoli nascosti (*Criptorchidia*) — Mancanza di ambo i testicoli (*Anorchidia*) — Mancanza di un testicolo (*Monorchidia*) — Genitali atrofici — Uretra aperta inferiormente o superiormente all'estremo del pene, o lungo gran parte del pene, o lungo tutto il pene (*Ipospadia* ed *epispadia* di diverso grado) — Scroto diviso foggiato a grandi labbra.

3) Assenza del pene.

4) Ipertrofia — Atrofia — Prepuzio molto stretto (*Fimosi*) — Ipertrofia del glande — Glande a campana — Glande conico — Nella donna: clitoride ipertrofica, piccole e grandi labbra molto sviluppate.

6 e 7) Perdita di parte o di tutto il pene.

Il tipo antropologico.

TIPO COMUNE.

TIPO ROZZO.

TIPO FINE.

TIPO REGRESSIVO SUPERIORE.

TIPO ASIMMETRICO.

TIPO ANTIEURITMICO.

TIPO ETNICO INVERSO . . . . $\begin{cases} \text{Mongoloide.} \\ \text{Negroide.} \end{cases}$

TIPO INVERTITO SESSUALE . . . . . . $\begin{cases} \text{Femminile.} \\ \text{Virile.} \end{cases}$

TIPO INVERTITO PER ETÀ. . . . . . . $\begin{cases} \text{Infantile.} \\ \text{Senile.} \end{cases}$

TIPO PATOLOGICO SPECIALE . . . . . $\begin{cases} \text{Nanismo.} \\ \text{Gigantismo.} \\ \text{Acromegalico.} \\ \text{Eunucoide.} \\ \text{Cretino.} \\ \text{Mostruoso.} \end{cases}$

TIPO DEGENERATO MISTO.

TIPO CRIMINALE.

TIPO COMUNE.

Mancano caratteri spiccati o per accesso, o per difetto, o per forma, o per importanti anomalie, o possono riscontrarsi alcune anomalie, ma di carattere diverso e non molto pronunciate.

TIPO ROZZO.

Pelle bianco-bruniccia molto rugosa — Peli grossi più o meno diffusi — Cranio grosso — Contorno cranico facciale anteriore poligonale — Sporgenze ossee manifeste.

TIPO FINE.

Pelle bianca liscia — Peli folti, ma non troppo grossi — Sezione cranica e facciale proporzionate — Segmenti facciali proporzionati continuantesi insensibilmente senza angolosità — Contorno cranico facciale ovoidale — Prominenze ossee poco manifeste.

TIPO REGRESSIVO INFERIORE.

Ipertricosi parziale — Pelle ruvida rugosa — Testa piccola in confronto alla statura — Sezione cranica deficiente in confronto alla facciale — Segmento cranico anteriore deficiente — Contorno cranico facciale poligonale molto spiccato — Deficienza del segmento superiore facciale (*Submicrocefalia frontale*) — Rughe molteplici — Fronte molto bassa, stretta, sfuggente, coperta in parte dalla linea d'inserzione dei capelli, arcate sopracciliari molto sporgenti, sporgenza notevole delle apofisi orbitarie esterne — Tempie molto depresse — Naso corto, incavato, lobo grosso, narici spesse divaricate, aperture nasali visibili anteriormente, o ellittiche, o circolari — Padiglione dell'orecchio triangolare o poligonale, molto semplice, molto ad ansa, elice atrofico, lobo atrofico — Prognatismo — Labbra sporgenti — Diastemi — Denti anomali grossi — Mandibola molto sviluppata — Branche montanti molto sviluppate — Angoli della mandibola molto sporgenti — Mento sfuggente — Estremità superiori sproporzionate alle inferiori — Dita corte, grosse, poco differenziate — Piede piatto.

TIPO ASIMMETRICO (*Patologico*).

Asimmetrie generali e parziali — Asimmetria cranica — Plagiocefalia — Asimmetria facciale — Plagioprosopia — Viso storto — Sporgenze ossee notevoli non uniformi — Fronte più alta da una parte che dall'altra — Inserzione dei capelli obliqua — Bozze frontali sporgenti asimmetricamente — Strabismo — Rime palpebrali asimmetriche — Rughe asimmetriche — Zigomi e arcate zigomatiche asimmetriche — Impianto delle orecchie asimmetrico — Mandibola storta — Asimmetria di altre parti della faccia — Asimmetria degli arti — Asimmetrie toraciche.

TIPO ANTIEURITMICO.

Carattere prevalente: la *sproporzione* delle diverse parti della testa e del corpo e presenza di dimensioni estreme o per difetto o per eccesso — Testa sproporzionata alla statura — Eccesso di sviluppo del cranio e piccolezza della faccia, o viceversa — Segmenti cranici sproporzionati: deficienza di uno e prevalenza dell'altro — Segmenti facciali sproporzionati per eccesso o per difetto di uno dei segmenti — Le parti che compongono i segmenti della faccia sproporzionate per eccesso o per difetto — Cranio eccessivamente lungo o eccessivamente corto; troppo largo o troppo stretto — Viso troppo lungo o troppo corto — Fronte troppo alta o troppo bassa — Orecchie troppo grosse o troppo piccole — Naso troppo grosso o troppo piccolo; troppo lungo o troppo corto — Labbro troppo sviluppato in rapporto della faccia — Mandibola troppo grossa o troppo piccola — Mento troppo piccolo in rapporto alla mandibola, o viceversa — Braccia troppo lunghe o troppo corte rispetto alla statura o rispetto all'estremità inferiore — Collo troppo lungo o troppo corto — Tronco troppo lungo o troppo corto in rapporto alla statura — Il torace e l'addome sproporzionati alla statura — Sproporzioni fra i segmenti degli arti.

TIPI ETNICI INVERSI.

Tipo mongoloide.

Pelle gialla — Capelli lisci — Contorno facciale spiccatamente poligonale (*Esagonale*) — Segmento intermedio molto largo — Viso schiacciato dall'avanti all'indietro — Orbite spostate lateralmente — Largo spazio interorbitario — Orbite dirette obliquamente dal basso all'alto, dall'interno all'esterno — Apertura palpebrale poco ampia a mandorla — Rima palpebrale obliqua all'esterno — Angoli interni rotondeggianti dell'occhio coperti dalla ripiegatura della palpebra superiore — Briglia mongolica — Zigomi e arcate zigomatiche grosse e molto divaricate lateralmente (*Eurignatismo*) — Radice e dorso del naso molto schiacciati.

Tipo negroide.

Pelle bruna — Capelli crespi a vello, a ciuffi — Iride castano-scura — Prognatismo superiore molto pronunziato — Naso a radice schiacciata — Profilo concavo, corto, dorso largo, narici corte, grosse, molto divaricate, aperture nasali ellittiche circolari visibili di fronte — Lobulo grosso — Setto nasale grosso — Labbra grosse, bordo sporgente.

TIPI INVERTITI SESSUALI.

Tipo femmineo nel maschio.

Testa piccola — Viso glabro (senza peli) — Capelli fini — Pelle fina e bianca — Cranio basso — Fronte infantile diritta — Poca sporgenza delle prominenze ossee — Mandibola piccola — Contorno cranico facciale anteriore, prevalentemente ovoidale od ovoido-elissoidale — Prevalenza nei contorni ossei della linea curva — Spalle e torace stretti — Mammelle sviluppate — Bacino largo — Anche sporgenti — Ventre sporgente — Cosce deviate all'interno, affusolate — Ginocchi ravvicinati — Tessuto cellulare sottocutaneo abbondante, che nasconde le sporgenze ossee e muscolari, specie nelle regioni lombari, nelle natiche, nei fianchi e al pube — Arti sottili alle estremità — Laringe e corpo tiroide piccoli — Peli scarsi — Peli del pube disposti a curva a convessità superiore, non continuantisi colla linea alba — Organi genitali esterni maschili, ma poco sviluppati — Testicoli nascosti (*Criptorchidia*).

Tipo mascolino nella femmina (*Virilismo*).

Assenza dei caratteri sessuali secondari femminei e presenza di caratteri secondari sessuali maschili — Testa grossa — Mandibola grossa — Sporgenze ossee
evidenti — Peli al viso — Abbondanti i peli del pube, che si continuano nella
linea mediana a cono, avvicinandosi alla cicatrice ombelicale — Spalle larghe —
Bacino diritto stretto — Mammelle atrofiche — Masse muscolari molto sviluppate
ed evidenti — Scarso pannicolo adiposo — Voce virile, talora clitoride molto
sviluppata.

TIPI INVERTITI PER ETÀ.

Tipo infantile.

Statura prevalentemente piccola, talora anche alta — Cranio infantile — Profilo verticale pentagonoide — Fronte diritta con bozze frontali più o meno sporgenti,
continuantesi ad angolo colla calotta cranica — Contorno facciale anteriore roton-
deggiante o mongoloide — Profilo molto sviluppato nel senso orizzontale, poco
nel senso verticale — Sporgenze ossee poco manifeste — Spazio interorbitario
ampio — Naso corto, radice depressa, profilo fronto-nasale incavato a base rialzata,
o rettilineo — Dorso del naso incavato — Labbra sporgenti — Mandibola piccola
— Faccia glabra — Pelle sottile — Sopracciglia e ciglia poco sviluppate —
Tronco allungato, cilindrico — Ventre prominente — Arti conici dalla radice
alle estremità — Adipe abbondante — Assenza di peli al pube e alle ascelle —
Laringe poco sporgente — Corpo tiroide piccolo (*non sempre*) — Organi genitali
rudimentali.

Tipo senile.

Rughe molteplici alla faccia, al collo, alle mani — Atrofia del tessuto cellulare sottocutaneo — Canizie e calvizie precoci — Palpebre inferiori rilassate con
borse sottopalpebrali — Labbro inferiore rovesciato rilassato.

TIPI PATOLOGICI SPECIALI.

Tipo nano (*Nanismo*).

Statura molto piccola — Le diverse parti del corpo proporzionate e normali — È un uomo in miniatura, frequentemente però si trovano pure uniti i caratteri di precoce senilità e di inversioni sessuali.

Tipo gigante (*Gigantismo*).

Tutto il corpo presenta uno sviluppo molto maggiore della norma, pur rimanendo proporzionate le diverse parti del corpo e normali i caratteri.

Tipo acromegalico.

Sviluppo esagerato e deforme delle diverse parti del corpo — La statura molto alta — Il cranio molto alto (*Acrocefalo*) — Sporgenze enormi dell'occipite e delle bozze parietali — Faccia molto lunga, contorno ovale molto allungato — Arcate orbitarie enormi — Bozze frontali molto sporgenti — Naso ingrossato in tutte le sue dimensioni — Labbro inferiore voluminosissimo, si arrovescia all'infuori — Mascellare inferiore ingrandito in tutte le sue dimensioni, onde sovente presenta progeneismo — Sporgenza in avanti dello sterno — Cifosi cervico-dorsale — Mani e piedi voluminosissimi, sproporzionati alla statura — Ossa molto spesse.

Tipo eunucoide.

(*Gerodermia genito-distrofica*).

Statura sovente alta — Pelle rugosa, floscia, non elastica, sovente pallida — Viso glabro — Fronte bassa, rugosa — Solchi naso-labiali esagerati — Guance rugose cadenti — Zigomi sporgenti — Orecchie grosse ad ansa — Mancanza di barba — Spalle larghe — Estremità talora voluminose — Tronco e addome sviluppati assai in larghezza — Addome a bisaccia — Mammelle e natiche flosce pendenti — Mancanza o deficienza di peli alle ascelle, al pube — Peli grossi.

Tipo cretino.

Statura piccola — Pelle molto rugosa fin dalla nascita — Testa grossa relativamente alla statura, e talora molto piccola — Tronco sproporzionato alle estremità — Arti corti — Cranio: sezione cranica prevalente sulla facciale, contorno verticale rotondo (*Trococefalo*), platicefalo — Faccia piccola schiacciata trasversalmente — Esagerato ortognatismo — Fronte bassa — Inserzione dei capelli molto anteriore e circolare — Rughe molteplici — Occhi: palpebre inferiori rugose a borsa, margine libero arrovesciato — Porzione fissa delle palpebre superiori abbondante, si ripiega nelle porzioni mobili, ricoprendole più o meno — Ampio spazio interorbitario — Radice del naso molto schiacciata, incavata — Naso corto, largo, dorso largo, profilo concavo od ondulato, lobulo grosso, narici divaricate — Labbro superiore tagliato verticalmente con bordo roseo limitato — Labbro inferiore arrovesciato, grosso — Mandibola piccola — Bocca semiaperta — Gozzo (*non sempre*) — Torace ristretto — Ventre voluminoso sporgente — Mani tozze, dita corte — Arti inferiori sovente deviati, con estremità articolari grosse.

Tipo mostruoso.

Presenza di alcune delle mostruosità sovradescritte.

TIPO DEGENERATO MISTO.

Presenza di parecchi caratteri riferentisi ai diversi tipi.

TIPO CRIMINALE.

Occhio o sguardo criminale misto a molteplici caratteri dei tipi anomali sovradescritti, specie dei tipi inferiore e asimmetrico.

Esempio: Testa storta, segmento anteriore deficiente; sezione facciale prevalente sulla cranica, faccia poligonale asimmetrica, segmento inferiore prevalente; inserzioni dei capelli circolare; fronte stretta, bassa, più o meno sfuggente; arcate sopracciliari sporgenti; zigomi grossi; arcate zigomatiche sporgenti; naso corto, storto, radice depressa, lobo grosso, narici divaricate, aperture nasali visibili; orecchie ad ansa, elice deficiente, lobo piccolo; prognatismo; denti grossi con diastemi; mandibola molto grossa, branche mandibolari grosse divaricate; rughe molteplici.

Indicazioni topografiche
per la localizzazione dei contrassegni particolari.

INDICAZIONI TO-POGRAFICHE.	Situazione..	FACCE	*ANTERIORE* .	Parte mediana.		
				Parti laterali.	Destra.	
					Sinistra.	
			POSTERIORE.	Parte mediana.		
				Parti laterali	Destra.	
					Sinistra.	
			LATERALI . .	Destra.		
				Sinistra.		
		REGIONI.				
	Distanza da	LIMITI DEL-LE FACCE.	Pieghe.			
			Parti del corpo.			
		PUNTI DI RI-TROVO.	Punti.			
			Speciali parti del corpo.			

Facce, regioni, limiti e punti di ritrovo del tronco.

FACCIA ANTERIORE.

PARTE MEDIANA.	Testa	R. Frontale . .	{ Punto mediano dell'inserzione dei capelli.
		R. del naso . .	Radice del naso. Dorso del naso. Punta del naso. Punto mediano del sottosetto nasale.
		R. della bocca.	Punto mediano del labbro superiore. Punto mediano del labbro inferiore.
		R. mandibolare	Punto inferiore mediano del viso.
	Collo	R. della gola.	Pomo d'Adamo (*Prominenza laringea*). Fossetta soprasternale (*Giugulo*).
		R. sternale . .	Sterno.
	Tronco	R. epigastriga.	Bocca dello stomaco (*Scrobicolo*). Linea mediana.
	Addome	R. ombellicale	Ombellico.
	Bacino	R. pubica	Pube.
PARTI LATERALI.	Testa	R. frontale . .	Bozza frontale.
		R. orbitale . .	Estremo interno del sopracciglio. Estremo esterno del sopracciglio. Angolo interno dell'occhio. Angolo esterno dell'occhio.
		R. zigomatica .	Zigoma.
		R. della bocca	Angolo della bocca.
		R. mandibolare	Branche laterali della mandibola.
	Torace	R. sopraclavicolare.	Fossetta sopraclavicolare.
		R. clavicolare	Sporgenza della clavicola.
		R. mammaria . .	Capezzolo della mammella.
		R. toracica laterale.	Arco costale.
		R. iponcondriaca.	Linea della cintura.
		R. iliaca	Sporgenza anteriore del bacino. (*Spina anteriore superiore dell'ileo*).
		R. inguinale . .	Piega dell'inguine.

FACCIA POSTERIORE.

PARTE MEDIANA.	Testa	R. PARIETALE POSTERIORE.	Vortice dei capelli
		R. OCCIPITALE .	Protuberanza occipitale.
		R. DELLA NUCA.	Fossetta della nuca (Fossetta sott'occipitale). Vertebra più sporgente (7ª vertebra cervicale).
	Tronco	R. TORACICA POSTERIORE	Spina dorsale.
	Dorso	R. LOMBARE. . .	Spina dorsale.
		R. SACRALE. . .	Osso sacro.
PARTI LATERALI.	Dorso	R. SCAPOLARE. .	Angolo inferiore della scapola.
		R. TORACICA LATERALE.	Arco costale.
		R. LOMBARE. . .	Linea della cintura.

FACCE LATERALI.

Testa	R. PARIETALE .	Vertice del capo. Bozza parietale
	R. TEMPORALE .	Orificio del condotto uditivo.
	R. MANDIBOLARE	Angolo della mandibola.
Collo	R. DEL COLLO. .	Facce laterali del collo.
Addome	R. IPOCONDRIACA	Linea della cintura.

Facce, limiti e punti di ritrovo dell'estremità.

ESTREMITÀ SUPERIORI.

Spalla	Moncone della spalla (regione deltoidea). Cavo ascellare (regione ascellare).	
Braccio	FACCIA ANTERIORE.	Limite superiore: moncone della spalla. Limite inferiore: piega del gomito.
	FACCE POSTERIORE, ESTERNA, INTERNA.	
Gomito	FACCIA ANTERIORE.	Piega del gomito - Tuberosità esterna (*epicondilo*) ed interna dell'estremità inferiore dell'omero (*epitroclea*).
	FACCIA POSTERIORE.	Gomito - Sporgenza dell'*olecrano*.

5

ESTREMITÀ SUPERIORI (*Segue*).

Avambraccio ....
- FACCIA ANTE-RIORE. } Limite superiore: piega del gomito. / Limite inferiore: prima piega cutanea del polso.
- FACCIA POSTE-RIORE. } Limite inferiore del polso.

Polso ....
- FACCIA ANTE-RIORE. } Limite superiore: prima piega cutanea del polso. / Limite inferiore: seconda piega cutanea.
- FACCIA POSTERIORE.

Mano ....
(Porzione metacarpea).
- FACCIA ANTE-RIORE (PALMA). { Regione esterna: *eminenza tenare*. / Regione interna: *eminenza ipotenare*. / Regione intermedia: cavo della mano. / Limite superiore: seconda piega del polso. / Limite inferiore: pieghe delle dita della palma.
- FACCIA POSTE-RIORE (DORSO). { Limite superiore: polso. / Limite inferiore: articolazione delle dita colle ossa metacarpee (*nocche*).

Dita ....
- FACCE ANTERIORE, POSTERIORE, ESTERNA, INTERNA. / FALANGI, 1ᵉ, 2ᵉ, 3ᵉ: PIEGHE CUTANEE INTRARTICOLARI.

ESTREMITÀ INFERIORI.

Anca ....
- FACCIA ESTERNA (FIANCHI). } Limite superiore (cresta del bacino).
- FACCIA POSTE-RIORE. } Regione delle natiche: piega orizzontale della natica, piega mediana fra le natiche.

Coscia ....
- FACCIA ANTE-RIORE. } Limite inferiore: rotula.
- FACCIA ESTERNA.
- FACCIA POSTE-RIORE. } Limite inferiore: piega del ginocchio.

Ginocchio ......
- FACCIA ANTE-RIORE. } Limite superiore: rotula. / Limite inferiore: tuberosità anteriore della tibia.
- FACCE LATERA-LI. } Le due tuberosità del femore o condili.
- FACCIA POSTE-RIORE. } Piega del ginocchio.

Gamba ....
- FACCIA ANTE-RIORE. } Limite superiore: tuberosità anteriore della tibia. / Linea mediana (*spina della tibia*).
- FACCIA POSTE-RIORE. } Limite superiore: piega del ginocchio, polpaccio.

Collo del piede ..
- FACCIA ANTE-RIORE. } Limiti laterali: malleolo interno ed esterno.
- FACCIA POSTE-RIORE. } Tendine d'Achille.

Piede ....
(Porzione tarso-metatarsea).
- FACCIA SUPE-RIORE. } Dorso del piede: regione tarso-metatarsea.
- FACCIA INFE-RIORE. { Pianta del piede. / Limite posteriore: calcagno. / Limite anteriore: dita.

Dita ....
- FACCE ANTERIORI, POSTERIORI; ESTERNA, INTERNA. / FALANGI 1ᵉ, 2ᵉ, 3ᵉ.

Segnalamento descrittivo funzionale.

SEGNALAMENTO DESCRITTIVO FUNZIONALE.

Motilità — Sensibilità — Funzioni organiche

La motilità.

IMPORTANZA DELLO STUDIO DELLA MOTILITÀ IN POLIZIA.	Come carattere d'identificazione .	{ CONNOTATI PERSONALI. CONTRASSEGNI PARTICOLARI.		
	Per la conoscenza della personalità del reo.			
	Come mezzo d'interpretazione della psiche.			
	Per raccogliere indizi di partecipazione a reati.			
PROCESSO FISIO-PSICOLOGICO DEL MOVIMENTO.	Organi che concorrono a produrlo.	PERIFERICI . . .	MUSCOLI	Muscoli a fibre lisce. Muscoli a fibre striate.
			NERVI	Nervi di senso. Nervi di moto.
		CENTRALI	MIDOLLO SPINALE.	Corna anteriori motorie. Corna posteriori sensorie.
			CERVELLO	Centri psico-sensorî. Centri psico-motori. Centri inibitori.

La motilità (Segue).

(Segue)
PROCESSO FISIO-PSICOLOGICO DEL MOVIMENTO.

Momenti del movimento.

- Eccitamento sensoriale periferico.
- Trasmissione dell'eccitamento per mezzo dei nervi di senso. → Al midollo spinale (corna posteriori) o ai centri psico-sensori.
- Reazione o diffusione dell'eccitamento. → Dai centri psico-sensori ai centri psico-motori o alle corna anteriori.
- Trasmissione dalla reazione per mezzo dei nervi di moto ai muscoli.
- Trasformazione in movimento per opera dei muscoli.

SPECIE DI MOVIMENTI.

- **Volontari.**
- **Automatici** (riflessi psichici subcoscienti e incoscienti).
  - Da eccitamenti interni.
  - Da eccitamenti esterni.
- **Involontari.**
- **Riflessi.** . . . . .
  - Tendinei.
  - Muscolari.
  - Mucosi.
  - Vasomotori (il rossore).

CARATTERI GENERALI DÉI MOVIMENTI FISIOLOGICI.

- **Forza.** . . . .
  - Misura . . . . . .
    - Dinamometro.
    - Dinamografo.
    - Ergografo.
  - Localizzazione. .
    - Mancinismo.
    - Destrismo.
    - Ambidestrismo.
- **Agilità** . . . . . . | Prensilità.
- **Rapidità.**
- **Uniformità o regolarità.**

MOVIMENTI MORBOSI (applicazione alla marcia, alla parola, alla mimica).

- **Paresi** (movimenti affievoliti).
- **Paralisi** (movimenti impossibilitati).
  - Permanente.
  - Temporanea (isterismo).
  - Totale.
  - Parziale . . . . .
    - Paraplegia (paralisi arti inferiori).
    - Emiplegia (paralisi di una metà laterale del corpo).
- **Tremito** . . . . .
  - Intenzionale o no.
  - Emozionale.
  - Senile.
  - Alcoolico.
  - Paralitico.

La motilità (*Segue*).

(Segue).

MOVIMENTI MOR-
BOSI (applicazio-
ne alla marcia,
alla parola, alla
mimica).

Contratture.

Movimenti spa-smodici. { Contrazioni alla testa, alla fronte, agli occhi, alle guance. alle labbra, agli occhi.

Movimenti con-vulsivi. { Tonici . . . . . . } Convulsioni epilettiche ed isteriche. { Clonici . . . . . . }

Movimenti disordinati - Atassici.

Contrazioni toniche continuate – Catalessi.

Contrazioni te-taniche. { Tetano. { Tetania.

Flessibilità cerea.

Rilassamento muscolare com-pleto. { Letargo. { Morte apparente, ecc.

Principali movimenti combinati.

Atteggiamento — Andatura — Parola — Scrittura — Mimica.

L' ATTEGGIAMENTO.

STATO DI CONTRAZIONE DEI MUSCOLI . { Rilassato. { Medio. { Contratto (atteggiamento militare). { Rigido (catalessi).

MOBILITÀ . . . . . . { Fisso - Statuario. { Mobile.

UNIFORMITÀ . . . . { Uniforme. { Non uniforme o vario.

SIMMETRIA . . . . . { Simmetrico. { Asimmetrico.

FORMA . . . . { Comune. { Originale o speciale.

APPLICAZIONE . | PER L'IDENTIFICAZIONE SOMATICA E PSICHICA.

L' ANDATURA.

ELEMENTI DI STUDIO DELLA MARCIA.

- **Lunghezza del passo.**
- **Linea direttrice** (unisce le impronte del calcagno di ciascun piede)
  - Diritta.
  - Ondulata.
  - A spira.
- **Linea mediana della marcia.** — Unisce i punti mediani tra le impronte di destra e di sinistra.
- **Scartamento laterale del piede.** — Distanza del piede dalla linea mediana.
- **Angolo della marcia.** — Angolo formato dall'asse del piede colla linea direttrice.
- **L'impronta del piede.** — Estensione - Forma - Profondità - Direzione - Caratteri speciali.

CARATTERI DELLA MARCIA.

- **Connotati.**
  - RAPIDITÀ — Rapida - Media - Lenta.
  - DIREZIONE.
    - Diritta.
    - Storta.
  - SIMMETRIA LATERALE.
    - Destra.
    - Ambidestra.
    - Mancina.
  - UNIFORMITÀ.
    - Uniforme.
    - Non uniforme.
  - ATTEGGIAMENTO DEL CORPO.
    - Diritto.
    - Inclinato.
      - A destra.
      - A sinistra.
  - DISTACCO DEL PIEDE DAL SUOLO.
    - Andatura normale.
    - Andatura strisciante.
    - Andatura saltellante.
  - MOBILITÀ — Spigliata - Impacciata.
  - ESPRESSIONE — Indifferente - Spavalda - Timida - Sospettosa - Goffa.
  - OSCILLAZIONI DEL CORPO.
    - Laterale.
      - Unilaterale.
      - Bilaterale.
    - Anteroposteriore.
    - Verticale.
    - Prevalenza dell'ondulazione.
      - Spalla.
      - Bacino.
      - Braccia.
- **Contrassegni particolari.**
  - TIPO.
    - Maschile o femminile.
    - Infantile o senile.
  - ANDATURA MORBOSA.
    - Claudicante.
    - Paretica.
      - Rigida.
      - Spastica, ecc.
  - CARATTERE SPECIALE.
    - Andatura ad oca.
    - Andatura a botte.

CARATTERI DIFFERENZIALI FRA LA CORSA E LA MARCIA.

- Rapidità.
- Lunghezza del passo.
- Contatto incompleto del suolo (orma incompleta).
- Distacco simultaneo dei piedi dal suolo.

APPLICAZIONI.

- PER L'IDENTIFICAZIONE FISICA.
- PER IL RILIEVO DELLE IMPRONTE NEI SOPRALUOGHI.
- PER LA CONOSCENZA DELLA PSICHE.

LA PAROLA.

FATTORI DEL LINGUAGGIO.
- Eccitamento sensoriale uditivo per mezzo dei nervi uditivi.
- Accumulo o registrazione di immagine sensoriale nel centro psicosensoriale della corteccia, centro uditivo (1^a circonvoluzione temporale).
- Formazione dei simboli motori della parola parlata nel centro della parola (circonvoluzione di Broca).
- Meccanismo periferico fonico, respiratorio, articolatorio, per cui il simbolo è emesso.

CARATTERI DELLA PAROLA.

Connotati ....

PRONUNZIA ...
- Chiara.
- Poco chiara ... | Chiarezza.
- Carattere etnico.
  - Italiana.
  - Francese.
  - Tedesca.
  - Inglese, ecc.

FACILITÀ DI PAROLA.
- Sciolta.
- Stentata.

RAPIDITÀ ....
- Rapida.
- Lenta.

Contrassegni particolari.
- Pronunzia speciale (della *r*, rotacismo, della *s*, sigmatismo, o della *f*).
- Mutismo congenito (*sordo-mutismo*).
- Balbuzie congenita.
- Mutismo acquisito (*afasia motoria, afasia sensoria*).
- Difficoltà di pronunzia per paresi dei muscoli fonetici (*disartrie*).
- Scandimento della parola.
- Rallentamento nel pronunziare le parole (*bradifasia*).

LA VOCE ......

TONO ....
- Alto.
- Medio.
- Basso.

FORZA ......
- Forte.
- Robusta.
- Debole.

TIMBRO ......
- Chiaro, poco chiaro.
- Grosso, stridulo.

SUONO ......
- Ordinario.
- Nasale.
- Gutturale.

TIPO ......
- Maschile.
- Femminile.
- Infantile.
- Senile.

APPLICAZIONI .
- PER L'IDENTIFICAZIONE FISICA (Connotati e contrassegni particolari).
- PER LA CONOSCENZA DELLA PSICHE NEGLI INTERROGATORÎ.

LA SCRITTURA.

FATTORI DELLA SCRITTURA.
- Eccitamenti sensoriali visivi e uditivi.
- Accumulo o registrazione delle immagini sensoriali nei centri psicosensoriali della visione (*lobo occipitale*).
- Formazione dei simboli grafici della parola scritta nel centro della scrittura (*piede della seconda circonvoluzione frontale*).
- Meccanismo periferico onde il simbolo è emesso coi movimenti della mano e delle dita.

CARATTERI....

Connotati....

CONFORMAZIONE DELLE LETTERE.
- Dimensioni delle lettere.
- Continuità delle lettere.
- Pendenza delle lettere.
- Grossezza dei tratti.
- Caratteri dell'asteggiatura.
- Caratteri della filettatura.
- Caratteri dei tagli e delle curve.
- Caratteri dei puntini.
- Caratteri delle finali delle parole.
- Uniformità.

CONFORMAZIONE DELLE PAROLE.
- Complete, incomplete.
- Unite o separate da larghi spazi.
- Direzione delle parole.

SIMMETRIA O ASIMMETRIA.

DIREZIONE DELLE LINEE.
- Orizzontale.
- Obliqua. . . . . . { In alto. In basso.

FORMA DELLE LINEE. | Rettilinea - Ondulata.

RAPIDITÀ DI SCRITTURA.
- Rapida, stentata.
- Spontanea, studiata.

TIPO CALLIGRAFICO.
- Diritto.
- Inclinato.

Contrassegni particolari.
- Forma speciale di alcune lettere.
- Disposizione speciale.
- Sottolineature.
- Lettere a stampatello.
- Varietà dei caratteri usati.

SIMBOLI . . . . .
- Criptografici.
- Ideografici.
- Cifrati.

CARATTERI PATOLOGICI.
- Tremolo uniforme (*tremito senile*).
- Tremolo non uniforme (localizzato solo nella filettatura, come negli alcoolisti).
- Tremolo spastico degli scrivani.
- Incapacità a scrivere parole lunghe (*bradigrafia*).
- Omissione o ripetizione di sillabe.
- Impossibilità di scrivere (*agrafia*).

LA SCRITTURA (*Segue*).

CRITERII DEDUCIBILI DALLA SCRITTURA.

CRITERII SULLO SCRIVENTE.
- Età (scrittura infantile o senile).
- Sesso (scrittura maschile o femminile).
- Coltura e intelligenza.
- Stato emotivo.
- Malattie.

CRITERII SUL CARATTERE DELLA SCRITTURA.
- Abituale, non abituale.
- Spontanea, studiata.
- Rapida, stentata.
- Genuina.
- Non genuina. . . { Imitazione di scrittura altrui. / Dissimulazione della propria.
- Manualità . . . . { Scritta dalla mano sinistra. / Scritta dalla mano destra.

VALORE DI QUESTI CRITERII NELLA PRATICA.
- Limitato.
- Riservato.

TECNICA PER LE RICERCHE SULLA CALLIGRAFIA.
- Esame colla lente.
- Decalco delle lettere con carta trasparente per sovrapporle o confrontarle con altre.
- Riproduzione fotografica delle lettere da confrontarsi e sovrapposizione o giustaposizione sull'autografo vero o su lettere riprodotte dall'autografo.
- Ingrandimenti fotografici.
- Microscopio applicato alla macchina fotografica (*microfotografia*).
- Ricerche fisico-chimiche. { Sulla carta, sulle raschiature, sulle aggiustature, sull'inchiostro, sulle sostanze scoloranti e coloranti; reagenti per rendere visibile una scrittura scomparsa o invisibile.

CONOSCENZA DEI MEZZI USATI PER LA FALSIFICAZIONE DI AUTOGRAFI.
- *Riproduzione per imitazione.* { Diretta copiando dall'autografo. / A memoria.
- *Composizione del falso con lettere autentiche.* { Decalco o riproduzione fotografica di lettere da un autografo. / Composizione di uno scritto con queste lettere. / Riporto o ritocco su pietra litografica con inchiostro pallido - Riproduzione in carta o ripasso colla penna.

APPLICAZIONI. .
- PER STABILIRE L'IDENTITÀ PERSONALE.
- COME CRITERIO DELLA COLTURA INDIVIDUALE E CONTRIBUTO DELL'ESAME PSICHICO.
- COME PROVA DI PARTECIPAZIONE A REATI DI FALSO, DI LETTERE MINATORIE E DIFFAMATORIE, ECC.
- COME ELEMENTO IMPORTANTE NEI SOPRALUOGHI PER LE INDAGINI IN REATI CONTRO LE PERSONE O LA PROPRIETÀ.

LA MIMICA.

PROCESSO FISIO-PSICOLOGICO DEI MOVIMENTI MIMICI.

RAPPORTI FRA LA MIMICA E LA FISIONOMIA.

LA CONTRAZIONE DEI MUSCOLI NELLA MIMICA E LE RUGHE.

METODO DI STU-DIO.
- Studio dei tratti fisionomici allo stato di riposo.
- Studio dei tratti fisionomici in istato di funzione.
  - Spontanea.
  - Sperimentale (provocando eccitamenti meccanici e psichici).

CARATTERI DEI MOVIMENTI MIMICI.

- INTENSITÀ . . . .
  - Mimica evidente, vivace.
  - Mimica poco evidente, poco espressiva.
- RAPIDITÀ . . . .
  - Rapidi.
  - Lenti.
- PERSISTENZA . .
  - Movimenti momentanei.
  - Movimenti persistenti.,
  - Movimenti casuali.
- ESTENSIONE . . .
  - Mimica completa.
  - Mimica parziale.
- REGOLARITÀ . .
  - Movimenti simmetrici.
  - Movimenti asimmetrici.
- COORDINAZIONE.
  - Movimenti mimici coordinati fra loro, con la parola, col pensiero - Non coordinati (come nei frenastenici), contraddittorî.
- PROPORZIONE . .
  - Proporzionati.
  - Eccessivi.
  - Deficienti.
- COSTANZA . . . .
  - Costante.
  - Incostante.

SPECIE DI MOVI-MENTI MIMICI.

- Movimenti di tutta la testa.
- Movimenti della fronte.
- Movimenti delle sopracciglia.
- Movimenti nello spazio intersopraccigliare.
- Movimenti della palpebra superiore.
- Movimenti della pelle della regione preorbitale esterna.
- Movimenti dell'occhio (sguardo).
  - MOBILITÀ . . . .
    - Sguardo fisso, mobile, fuggevole.
    - Sguardo vivace, spento.
    - Sguardo lento, tardo.
  - DIREZIONE . . . .
    - Diritto, storto.
    - Orizzontale, obliquo.
    - Dall'alto in basso, o viceversa.
  - FORZA . . . . . .
    - Forte, debole.
    - Penetrante, fatuo.

LA MIMICA (*Segue*).

(Segue) SPECIE DI MOVI- MENTI MIMICI.	Aricciamento del naso. Dilatazione delle pinne nasali. Movimenti delle guance. Movimenti delle labbra. Movimenti della commessura labiale. Movimenti della pelle del mento. Movimenti del mascellare inferiore. Movimenti del collo. Movimenti della prominenza laringea (pomo d'Adamo) (nella salivazione e deglutizione). Movimenti del tronco. Movimenti toracici o respiratorii. Movimenti delle spalle. Movimenti delle mani e dei piedi.
APPLICAZIONE .	PER L'INTERPRETAZIONE DEL PENSIERO NEGLI INTERROGATORÎ E NEI SER- VIZI DI POLIZIA.

I movimenti vasomotori.

PROCESSO FISIO- LOGICO.	Eccitamento fisico o psichico (emozione). Diffusione dell'eccitamento nei nervi dilatatori e costrittori dei vasi. Sfiancamento o restringimento dei vasi sanguigni.
REAZIONI VASO- MOTORIE.	Rossore, pallore. Sudore. Frequenza del polso. Variazione di volume di una parte del corpo.
STRUMENTI PER LA MISURAZIO- NE DEI MOVI- MENTI VASO- MOTORI.	Pletismografo (Mosso). Idrosfigmografo (Mosso). Guanto volumetrico (Patrizi). Sfigmografo.
APPLICAZIONI . .	A SCOPO DI IDENTIFICAZIONE. . PER LA CONOSCENZA PSICHICA DELL'INDIVIDUO. PER INTERPRETAZIONE DEL PENSIERO. NEGLI INTERROGATORÎ.

La sensibilità.

PROCESSO FISIOLOGICO DELLA SENSIBILITÀ E DEI SENSI.

AZIONE DELLA SENSIBILITÀ.
- Nella vita organica.
- Nella vita psichica.

SENSI SPECIFICI.
- ACUTEZZA DEI SENSI (prove empiriche).
- Vista . . . .
  - Visione diretta (*acuità visiva*).
  - Visione indiretta (*campo della visione*).
  - *Vizi di rifrazione*
    - Miopia.
    - Ipermetropia.
    - Presbiopia.
    - Astigmatismo.
  - Cecità.
- Tatto, gusto, olfatto, udito.

SENSIBILITÀ GENERALE.
- ACUTEZZA.
- ALTERAZIONE . .
  - Ipoestesia.
  - Anestesia.
  - Emianestesia.
  - Parestesia.
- MISURA . . . . .
  - Con istrumenti meccanici.
  - Con istrumenti elettrici.
- Varietà di sensibilità generale : generale cutanea, topografica, termica, barica, stereognostica, viscerale.

SENSIBILITÀ DOLORIFICA.
- RAPPORTI DELLA SENSIBILITÀ DOLORIFICA.
  - Coll'età.
  - Col sesso.
  - Colla condizione sociale.
  - Colla degenerazione e colla psiche.
- PROVE EMPIRICHE DELLA SENSIBILITÀ.
  - Tatuaggio.
  - Contegno negli accidenti.
  - Simulazione di malattie.
- PROVE SCIENTIFICHE.
  - Eccitamento elettrico-faradico.
  - Algesimetri.

APPLICAZIONI . .
- PER LA CONOSCENZA DELL'INDIVIDUO.
- PER L'IDENTITÀ.
- PER L'APPREZZAMENTO DEL CONTEGNO DEL REO.
- PER L'APPREZZAMENTO DELLA PARTECIPAZIONE AD UN REATO.
- PER L'APPREZZAMENTO DI DEPOSIZIONI O DI TESTIMONIANZE.

Le funzioni organiche (malattie).

I PROCESSI MOR-BOSI.

Malattie diate-siche.
- DIABETE.
- ARTRITISMO.
- RACHITISMO.

Malattie dei visceri.
- APPARECCHIO RESPIRATORIO. { Acute. / Subacute e croniche (*tisi*).
- APPARECCHIO CIRCOLATORIO. { Cuore. / Vasi.
- TUBO DIGERENTE.
- PERITONEO.
- FEGATO.
- MILZA.
- RENI.
- ORGANI GENITO-URINARI.

Intossicazioni.
- PROFESSIONALI (mercurio, arsenico, piombo, ecc.).
- ALCOOLISMO.
- PELLAGRA.
- OPPIO, MORFINA, COCAINA, ECC.

Malattie del sangue: CLOROSI, LEUCEMIA, ECC.

Malattie infettive: ACUTE, CRONICHE (*sifilide, tubercolosi*).

Malattie della pelle.

Malattie veneree.

Tumori.

Malattie dell'apparecchio locomotore: OSSA, MUSCOLI.

Malattie del sistema nervoso.
- DELL'ENCEFALO.
- DEL MIDOLLO.
- DEI NERVI PERIFERICI.
- NEVROSI . . . . . { Isteria. / Epilessia. / Nevrastenia.

Malattie mentali.

APPLICAZIONI. .
- PER LA CONOSCENZA GENERALE DELL'INDIVIDUO.
- PER LA IDENTIFICAZIONE (contrassegni particolari).
- PER LA PREVENZIONE DEI REATI.
- PER L'APPREZZAMENTO DELLA TEMIBILITÀ INDIVIDUALE.
- PER L'APPREZZAMENTO DELL'ATTITUDINE AL LAVORO.
- PER IL RAPPORTO CHE HANNO LE FUNZIONI ORGANICHE COLLE FUNZIONI PSICHICHE.

Identificazione psichica

Generalità sull'esame psichico.

SCOPI DELLA I-
DENTIFICAZIO-
NE PSICHICA.
{
Conoscenza di connotati e di contrassegni particolari per l'identità.

Conoscenza dell'individuo per l'efficacia della sorveglianza e delle ricerche e per l'esattezza delle informazioni.

Per l'accertamento della partecipazione al reato (capacità a delinquere,
temibilità).

Per l'apprezzamento delle deposizioni e delle testimonianze.
}

MEZZI PER CO-
NOSCERE LA
PSICHE INDIVI-
DUALE.
{
ACCERTAMENTO E STUDIO DEGLI ATTI COMPIUTI.

INTERROGATORIO DELL'INDIVIDUO.
}

CONDIZIONI PER
GIUNGERE AL-
LA CONOSCEN-
ZA PSICOLOGI-
CA INDIVIDUA-
LE.
{
CONOSCENZA DEL PROCESSO FISIOPSICOLOGICO.

NELLA RICERCA E NELLA INTERPRETAZIONE DEI CARATTERI E DEI FATTI
AVER PER GUIDA IL MODO DI PENSARE E DI SENTIRE DEL SOGGETTO.
}

I PROCESSI PSI-
CHICI.
{
INTELLIGENZA.

COSCIENZA.

VOLONTÀ.

SENTIMENTI.
}

SINTESI . . . . . .
{
TEMPERAMENTO.

CARATTERE.
}

L'intelligenza.

IL PROCESSO PSICHICO INTELLETTUALE.

FISIOPSICOLOGIA DEL PROCESSO PSICHICO INTELLETTUALE.

ATTENZIONE...
- CAPACITÀ.
- FACILITÀ
- INTENSITÀ.
- COSTANZA.
- SPONTANEITÀ.
- FORMA . . . . . .
  - Attenzione indifferente.
  - Attenzione aspettante.

PERCEZIONE ED APPERCEZIONE.

MOMENTI DELLA PERCEZIONE.
- Eccitamenti sensoriali.
  - Periferici (esterni o viscerali).
  - Centrali o psichici.
- Consapevolezza dalle sensazioni subite.

NATURA DELLE PERCEZIONI.
- Semplici: Visive, gustative, olfattive, uditive, ecc.
- Complessa: Di tempo, di spazio, di forma, ecc.

INTERPRETAZIONE DELLE PERCEZIONI.
- Esatta.
- Erronea. . . . . .
  - *Illusioni* – Giudizio erroneo di percezioni reali.
  - *Allucinazioni* - Percezioni psichiche ritenute reali.

Condizioni per la esattezza della percezione.
- Funzionalità normali degli organi sensoriali.
- Attenzione.
- Assenza di stati emozionali.

Influenza del processo percettivo sulle deposizioni dei testi e dei rei.

MEMORIA. . . . . .

Processo fisiopsicologico.
- Registrazione nei centri psicosensorî delle percezioni subite.
- Rievocazione di tali percezioni o immagini.

Condizioni per la nettezza dei ricordi.
- Sensazioni normali.
- Percezione esatta.
- Appercezione completa.
- Attenzione desta.

Coefficienti della memoria.
- Età.
- Sviluppo intellettuale.
- Stato emozionale.
- Suggestioni, ecc.

Leggi della memoria.
Specie di memoria (acustica, visiva, tattile, muscolare, olfattiva, gustativa).
Errori fisiologici della memoria.

Dimenticanze o amnesie.
- Improvvise - graduali.
- Costanti - progressive.
- Permanenti, periodiche, temporanee.
- Anterogradi, attuali, posterogradi.

Processo per rievocare i ricordi.
- Ricostruzione dei fatti avvenuti.

Applicazione negli interrogatori.

IL PROCESSO PSICHICO INTELLETTUALE (*Segue*).

IMMAGINAZIONE E FANTASIA.

- **Le immagini mentali.**
  - Natura.
  - Intensità.
- CARATTERI . . .
  - Facilità.
  - Intensità.
  - Ricchezza.
- VARIETÀ SECONDO GLI INDIVIDUI.
  - Sesso (donne).
  - Età (bambini).
  - Stato mentale (isterici).
- **Stati diversi** . .
  - Stato di veglia.
  - Sonno, sogni.
  - Stati incoscienti.
- **Influenza sulle deposizioni.**

IDEAZIONE E ASSOCIAZIONE DI IDEE.

- RAPIDITÀ DELLE IDEE.
- QUANTITÀ DELLE IDEE.
  - Idee abbondanti, sovrabbondanti.
  - Idee scarse.
- CONCORDANZA DELLE IDEE.
  - Coerenti.
  - Incoerenti . . . .
    - Fra loro (*Deliri febbrili*).
    - Colla personalità (*Deliri paranoici*).
- UNIFORMITÀ DI FORZA.
  - Uniformi, proporzionate.
  - Non uniformi, alcune predominanti (*Idee fisse*).
- CHIAREZZA. . . .
  - Idee chiare.
  - Idee confuse.
- QUALITÀ. . . . .
  - Idee obiettive.
  - Idee di spazio, di tempo, ecc.
  - Idee astratte di virtù, vizio, patria, ecc.
- CONTENUTO . . .
  - Normale.
  - Abnorme . . . . .
    - Concetti deliranti.
    - Deliri sistematizzati (di grandezza, di persecuzione, religioso, erotico, demagogico, ecc.).

RIFLESSIONE.

GIUDIZIO.

RAZIOCINIO.

LOGICA O POTERE LOGICO.

CAPACITÀ DI ASTRAZIONE.

CAPACITÀ DI GENERALIZZAZIONE.

LE MANIFESTAZIONI DELL'INTELLIGENZA.

ATTEGGIAMENTO O MODO DI PRESENTARSI.
- Comune, strano.
- Composto, incomposto.
- Ordinato, disordinato.
- Stabile, instabile.
- Attento, goffo.
- Atteggiamento speciale, eccitato.
- Depresso . . . . .
  - Attonito, apatico.
  - Estatico, catatonico.
  - Catalettico.

SGUARDO . . . . .
- Vivace o spento.
- Penetrante o vacuo.
- Tranquillo, inquieto.
- Fisso, errante.

MIMICA . . . .
- (V. a pag. 76).
- Vivace, non vivace, scarsa.
- Costante, mutevole.
- Rapida, lenta.
- Mimiche speciali; *gerghi mimici*.

ESPRESSIONE DELLA FISONOMIA.
- Intelligente, indifferente, stupida, attonita.
- Attenta, indifferente, distratta.
- Ispirata, fatua, disordinata, inconscia.
- Coerente cogli atti o incoerente.
- Costante o mutevole.
- Vivace o fatua o apatica o meditabonda

LINGUAGGIO . . .
- COMPOSIZIONE: a motti, a frasi.
- GRAMMATICA.
- SINTASSI.
- GLOSSARIO . . .
  - Scarso.
  - Ricco.
- QUANTITÀ O LOQUACITÀ.
  - Abbondante.
  - Deficiente.
- RAPIDITÀ . . . .
  - Rapido, rapidissimo
  - Lento, molto lento.
    - Rallentamento nelle frasi.
    - Interruzioni.
- CONTINUITÀ . . .
  - Continuo.
  - Non continuo . .
    - Rallentamento nelle frasi.
    - Interruzioni.
    - Frasi succedentisi tumultuosamente.
- FACILITÀ O INCAPACITÀ DI DIZIONE, FACONDIA.
- VIVACITÀ.
- CHIAREZZA.
- CONTENUTO . . .
  - Conciso o prolisso.
  - Accurato, volgare, sconcio.
  - Semplice, deficiente, elevato.
  - Arguto (freddure), geniale.
  - Logica più o meno sviluppata.
  - Parole di *gergo*.
  - Morboso (sproloquio, monologhi, cicaleccio puerile, ripetizione di parole casuali (*ecolalia*), neologismi.

LE MANIFESTAZIONI DELL' INTELLIGENZA (*Segue*).

SCRITTI . . . . . .

Calligrafia (V. a pag. 74-75).

Generi di scritti. { Dettati - Lettere - Reclami - Memoriali - Composizioni letterarie - Monografie - Biografie - Palinsesti - Testamenti - Pubblicazioni.

SPONTANEITÀ (Spontanea o forzata).
QUANTITÀ.
RAPIDITÀ DI SCRITTURA.

DISPOSIZIONE . . { Ordinata o disordinata.
Speciale.

CONTENUTO (V. Linguaggio).

Criptografia . . { Simboli.
Scrittura segreta.
Scrittura ideografica.

**DISEGNI, LAVO-
RI ARTISTICI**
(utilizzazione degli scritti e dei disegni per l'interpretazione del pensiero).

Scrittura ideografica.
Abilità artistica.
Fatti rappresentati.

**LAVORI MANUA-
LI.**

Ingegnosi.
Comuni.
Rozzi.

LETTURE . . . . . { Legge o non legge.
Libri preferiti, giornali, ecc.

GIUOCHI PREFERITI.

**CONTEGNO NE-
GLI INTERRO-
GATORII.**

Pronto - Spavaldo.
Indifferente - Interessato.
Impacciato – disinvolto.
Astuto - Sciocco.

PROFESSIONE.

COLTURA . . . . . { Mancante (analfabetismo).
Scarsa.
Comune.
Superiore.

CONDOTTA . . . . { In rapporto coll'ambiente. { Adatta.
Disadatta.

In rapporto colla propria personalità. { Corrispondente.
Non corrispondente.

ABITUDINI - AZIONI (reati).

Utilizzazione delle manifestazioni della intelligenza nelle ricerche di polizia e negli interrogatori.

SVILUPPO E FORMA DELLA INTELLIGENZA.

CARATTERI FISIOLOGICI.

PRECOCITÀ ...
- Precoce.
- Media.
- Tardiva.

PRONTEZZA ...
- Pronta.
- Media.
- Tarda.

SVILUPPO ....
- Scarso.
- Medio.
- Elevato.

AVVEDUTEZZA .
- Ordinaria.
- Intensa (astuzia).
- Deficiente (dabbenaggine).

CARATTERI PATOLOGICI.

Assente o deficiente congenitamente.
- IDIOZIA.
- IMBECILLITÀ.
- INFANTILISMO.

Deviata .....

DISSOCIAZIONE, SQUILIBRIO NELLE MANIFESTAZIONI INTELLETTUALI.
- Incoerenza di atti.
- Spensieratezza.
- Imprevidenza.
- Leggerezza.
- Genialità.
- Parziale imbecillità.

CONCEZIONI DELIRANTI.
- Deliranti febbrili.
- Intossicati, paranoici.

IDEE FISSE (allucinati, monomani, paranoici).

Instabile: Isterici, epilettici.

Esaltata: Maniaci, isterici, alcuni paranoici.

Depressa: Malinconici, alcuni paranoici, intossicati.

Svanita: Dementi.

La coscienza intellettiva.

COSCIENZA INTELLETTIVA E LA CONSAPEVOLEZZA DELLA PROPRIA ESISTENZA.

CAMPO DELLA COSCIENZA. { Estensione. . . . { Ampia.
Limitata (istero-epilessia).

STATI DI CO-SCIENZA.

Coscienza completa.

Coscienza abolita o assente.

MODALITÀ. . . .
Sonno (sogni).
Stati sonnambolici.
Stati di estasi.
Stati di stupore.
Stati alcoolici.
Stati illucinatori.
Stati demenziali.

DURATA . . . . .
Temporanea (Assenze).
Permanente.

INTENSITÀ. . . .
Coscienza incompleta (Stato crepuscolare).
Incoscienza completa.

MANIFESTAZIONI DELLO STATO DI COSCIENZA.

ATTI COMPIUTI.

MODO IN CUI SONO COMPIUTI.

CONTEGNO DELL'INDIVIDUO. { Prima.
Dopo.

APPLICAZIONE . | PER LA VALUTAZIONE DELLA DEPOSIZIONE E DEI REATI.

La volontà.

PROCESSO PSICO-LOGICO.
- Gli eccitamenti (centri psicosensorî).
- L'inibizione (centri inibitorî).
- La reazione (centri psicomotori).

CARATTERI FISIOLOGICI.

Intensità o forza.
- Comune.
- Forte.
- Tenace.
- Ostinata.
- Scarsa.

Attività
- Comune.
- Inerte.
- Esuberante, iperattività.

Rapidità
- Normale.
- Tarda.
- Pronta o rapida.

Proporzionalità fra eccitamento e reazione.
- Proporzionata.
- Non proporzionata.

Uniformità
- Uniforme.
- Non uniforme.

Costanza
- Costante.
- Incostante.

Origine
- Personale.
- Non personale.
  - Imitazione (influenza *sugli atti, sulla condotta, sui reati*).
  - Suggestione (V. appresso).

CARATTERI MORBOSI.

Debolezza di volontà.
- Esagerata eccitabilità (influenza sui *reati contro le persone*).
- Instabilità (influenza sulla *capacità al lavoro*).
- Suggestionabilità (V. appresso).
- Deficienza di resistenza (influenza sulla *capacità al lavoro*).
- Deficienza di impulso alla reazione.

Impotenza.
- Dubbio
  - Esagerazione dei poteri inibitori.
  - Idee fisse.
  - Deficienza di impulso alla reazione.
- Annientamento della volontà (*abulia*).

Impulsività
- ORIGINE
  - Eccitamenti psicosensorî intensi o morbosi.
  - Inibizione deficiente.
  - Reazione psicomotoria violenta.
- EFFETTI
  - Reazione sproporzionata alla causa.
  - Reazione in contradizione colle condizioni individuali.
  - Reazione in contradizione colle condizioni di ambiente.

Ossessioni
- ORIGINE
  - Idea fissa.
  - Impotenza di inibizione.
  - Impulsione irresistibile.
- EFFETTI
  - Reazione violentissima (reati gravissimi contro le persone).

La volontà (*Segue*).

SUGGESTIONA-BILITÀ.

ORIGINI . . . . .
- Prevalenza degli eccitamenti provenienti da altrui.
- Mancanza di critica.
- Poteri inibitorî indifferenti.
- Reazione automatica.

INTENSITÀ . . . .
- Fisiologica.
- Patologica.

AZIONE DELLA SUGGESTIONE.

Sul corpo . . . .
- Sui sensi e sulla sensibilità.
- Sui vasi e sulle funzioni viscerali (*le stimate*).
- Sui processi morbosi (*le guarigioni di Lourdes*).

Sulla psiche . . .
- Sull'intelligenza.
- Sulla volontà.
- Sui sentimenti.
- Sulla personalità.

COEFFICIENTI DELLA SUGGE-STIONE.
- Età . . . . { Infanzia. / Vecchiaia.
- Sesso.
- Stati emozionali.
- Coppia.
- Folla.
- Debolezza mentale.
- Stati nevropsico-patici. { Isteria. / Nevrastenia.
- Stati ipnotici.
- Stati di affascinazione.

AUTOSUGGE-STIONABILITÀ.
Le medesime condizioni della suggestionabilità, salvo che gli eccitamenti provengono dal proprio *io*.

AUTOMATISMO . .
- Sospensione di azioni inibitorie.
- Reazione automatica (stati epilettici, sonnambolici, ipnotici, di affascinazione).

APPLICAZIONI ALLA POLIZIA GIUDIZIARIA.

La imitazione e la condotta individuale (tatuaggi, abitudini, compagnie, reati, ecc.).

La debolezza di volontà e
- L'attitudine al lavoro.
- I reati . . . . . . { Di iniziativa individuale (reati contro la proprietà). / Di iniziativa altrui (complicità).

La esagerata eccitabilità e i reati contro le persone.
La impulsività e i reati contro le persone.

La suggestiona-bilità
- Le deposizioni (falso testimonianze).
- Le denunzie . . . { False accuse. / Autoaccuse . . . . { Vere. / False.
- Gli interrogatorî.
- I reati . . . . . . { Individuali. / Collettivi (la folla, la coppia).
- Il suicidio - Coppia suicida - Omicidio–Suicidio.
- Lo sfruttamento della credulità. { Gli spettacoli di ipnotismo e affascinazione. / I gabinetti magnetici. / Stregoni e fattucchiere.

I sentimenti.

IL TONO SENTIMENTALE.

VARIETÀ FISIOLOGICHE.	{ Gaio. Indifferente, apatico. Comune. Triste.
VARIETÀ PATOLOGICHE.	{ Depresso (malinconia). Esaltato (eretismo, mania).
MANIFESTAZIONI.	{ **Portamento.** **Abbigliamento.** **Atteggiamento.** **Parola.** **Scritti.** **Azioni.**

IL SENTIMENTO DELLA PERSONALITÀ.

VARIETÀ FISIOLOGICHE.	{ Comune. Esagerato (spavalderia, arroganza). Depresso (timidità esagerata).
VARIETÀ PATOLOGICHE.	{ Mancante (idioti). Deviato (paranoici). Mutabile (isterici). Scomparso (demenza).

L' EMOTIVITÀ.

EMOTIVITÀ ED ECCITABILITÀ.

CARATTERI. . . .	{ Comune. Deficiente. Esagerata. Uniforme o no.

AZIONE DELL'EMOTIVITÀ SULL'INTELLIGENZA E SULLA VOLONTÀ.

MANIFESTAZIONI DELLA EMOTIVITÀ INDIVIDUALE.	**Mimica.** **Rossore.** **Azioni**	{ Parola. Scritti. Atti.
CIRCOSTANZE INFLUENTI SULLA EMOTIVITÀ.	**Condizioni individuali.** **Ambiente.** **Folla.**	{ Età. Sesso. Patemi d'animo. Debolezze organiche. Nevropsicopatie.
UTILIZZAZIONE DELLA EMOTIVITÀ IN POLIZIA.	{ NELL'APPREZZAMENTO DEL CONTEGNO. NEGLI INTERROGATORÎ. NELLA CONOSCENZA DELL'ORIGINE DEI REATI.	

L'AFFETTIVITÀ.

CARATTERI. . . .
- INTENSITÀ . . . .
  - Ordinaria.
  - Deficiente.
  - Sviluppata.
  - Esagerata.
- COERENZA.
- COSTANZA.
- UNIFORMITÀ.

SPECIE . . . .
- VERSO LA FAMIGLIA.
  - Genitori.
  - Moglie.
  - Figli.
- VERSO GLI AMICI.
- VERSO IL PROPRIO PAESE.

INFLUENZA DELL'AFFETTIVITÀ SULLE AZIONI INDIVIDUALI.

MANIFESTAZIONI.
- **Contegno in famiglia.**
- **Modo di comportarsi fuori della famiglia.**
- **Parole.**
- **Scritti.**
- ATTI SPECIALI .
  - In relazione coll'affettività.
  - In contrasto coll'affettività.

UTILIZZAZIONE DELLA AFFETTIVITÀ NELLE INDAGINI DI POLIZIA.
- NELLA CONOSCENZA DELL'ORIGINE DEI REATI.
- NEI RAPPORTI TRA IL REO E LA FAMIGLIA.
  - In libertà.
  - In carcere.
  - Nella latitanza.
- NEGLI INTERROGATORÎ.

LE PASSIONI.

PROCESSO FISIOPSICOLOGICO DELLA PASSIONE.

INFLUENZA DELLO STATO PASSIONALE.
- Sull'intelligenza.
- Sulla volontà.
- Sulla coscienza.
- Sulla condotta.

SPECIE . . . .
- Passioni elevate (evolute).
- Passioni basse (involute).

PASSIONI PRINCIPALI.
- **Ambizione.**
- **Lusso.**
- **Viaggi.**
- **Politica.**
- **Giuoco.**
- **Donna.**
- **Vino, alcool.**
- **Tabacco.**
- **Orgia.**

LE PASSIONI (Segue).

MANIFESTAZIONI DELLE PASSIONI.	Atteggiamento. Contegno. Parola. Scritti. Mimica. Atti. Generi di vita.
UTILIZZAZIONE NEL SERVIZIO DI POLIZIA.	RICERCA DEI REI. CAUSE A DELINQUERE. PUNTI DEBOLI DA UTILIZZARSI NEGLI INTERROGATORÎ.

IL SENTIMENTO SESSUALE.

CARATTERI . . . .

- EPOCA DELLA COMPARSA.
  - Comune.
  - Precoce.
  - Tardivo.
- INTENSITÀ . . . .
  - Comune.
  - Deficiente (*frigidità*).
  - Esagerato (*erotomania*).
- MODO DI MANIFESTAZIONE.
  - Normale.
  - Impulsivo (*stupri violenti*).
  - Pudico.
  - Impudico (*oscenità*).
- FORMA . . . . . .
  - Normale.
  - Anormale . . . .
    - Pervertimenti . . .
      - Masturbazione.
      - Rapporti abnormi : pederastia attiva.
      - *Feticismo.*
      - *Masochismo.*
      - *Sadismo.*
    - Invertimenti . . .
      - Pederastia passiva (*cinedi*).

PROSTITUZIONE E SENTIMENTI SESSUALI.

INFLUENZA DEL SENTIMENTO SESSUALE SULLE AZIONI INDIVIDUALI.

MANIFESTAZIONI DEL SENTIMENTO SESSUALE.	Pudore. Atti sessuali. Modo di parlare. Modo di camminare. Modo di vestire. Tatuaggi. Scritti. Professioni. Rapporti colla donna, con prostitute, con cinedi.
UTILIZZAZIONE NELLE RICERCHE DI POLIZIA.	LA FUNZIONE DELLA DONNA NEL DELITTO. LA FUNZIONE DELLE PROSTITUTE NEL DELITTO. L'AZIONE DEI PERVERTITI. L'AZIONE DEGLI INVERTITI. LA SESSUALITÀ E I REATI.

IL SENTIMENTO RELIGIOSO.

GRADI . . . .
- Ordinario.
- Mancante (ateismo).
- Esagerato. . . . . { Nella forma esteriore (bigottismo). Nel sentimento (misticismo).
- Deviato; superstizione.

FORMA . . . .
- Comune.
- Primitiva.
- Elevata.
- Morbosa - Estasi, ecc.

RAPPORTI COLLA INTELLIGENZA E COL SENTIMENTO MORALE.

INFLUENZA SULLE AZIONI INDIVIDUALI.

COEFFICIENTI . .
- ETÀ.
- SESSO.
- COLTURA.
- CONDIZIONE SOCIALE.
- PATEMI D'ANIMO.
- MALATTIE.
- FOLLA.
- SPECIALI AVVENIMENTI (epidemie, ecc.).

COERENZA COL-
LE ALTRE AT-
TITUDINI PSI-
CHICHE.
- Coerente.
- Incoerente.

MANIFESTA-
ZIONI.
- **Atteggiamento.**
- **Modo di parlare.**
- **Modo di vestire.**
- **Tatuaggi.**
- **Contegno negli interrogatorî.**
- **Contegno nella vita.**
- **Atti speciali.**

Utilizzazione nelle ricerche e nelle indagini di polizia.

IL SENTIMENTO POLITICO.

RAPPORTI DEL
SENTIMENTO
POLITICO.
- Coll'epoca.
- Coll'ambiente.
- Colla condizione sociale dell'individuo.
- Colle circostanze accidentali.

I VARII SENTI-
MENTI POLITI-
CI.
- **Riferentisi alla forma di governo.** { *Corrispondente alla forma attuale di governo.* *In opposizione all'attuale forma di governo (MONAR- CHIA O REPUBBLICA).*
- **Riferentisi al mutamento della costituzione economica sociale, basato sulla eguaglianza di diritto di lavoro e di capitale (SOCIALISMO).**

IL SENTIMENTO POLITICO (*Segue*).

(*Segue*) **I VARII SENTI-MENTI POLITI-CI.**	**Riferentisi alla distruzione dell' organizzazione politica e sociale attuale e all'abolizione del principio di autorità (*ANARCHIA*).**	Anarchici teorici. Anarchici d'azione.	Propagandisti della idea. Propagandisti di fatto (bombe, regicidi, ecc.).

PSEUDOSENTI-MENTO POLITICO.
La fede politica professata non è sincera, ma serve a personali interessi.
La fede politica professata è mezzo o pretesto per compiere reati.

INFLUENZA DEL SENTIMENTO POLITICO NELLE AZIONI INDIVIDUALI.

Condizioni sociali economiche permanenti e temporanee.
Avvenimenti politici e sociali (guerre, rivoluzioni, ribellioni, scioperi, dimostrazioni, commemorazioni, ecc.).

CIRCOSTANZE INFLUENZANTI SUL SENTIMENTO POLITICO.

Condizioni individuali.

Costituzione organica.

Facoltà psichiche.
Coltura, dottrinarismo, genialità.
Debolezza mentale, suggestionabilità.
Emozionabilità, impulsività.
Senso morale.
Fanatismo.
Squilibrio mentale, idee deliranti (delirio di grandezza, delirio demagogico).

Avvenimenti della vita.
Disoccupazione.
Mutamenti della condizione finanziaria.
Ingiustizie ricevute, persecuzioni.
Viaggi, relazioni.
Malattie.
Partecipazione a lotte amministrative locali.
Partecipazione ad azioni delle folle.

Azione della propaganda sull'individuo.
Casuale.
Specifica.
Da individuo a individuo.
In collettività.

MANIFESTAZIONI DEL SENTIMENTO POLITICO.
Discorsi.
Letture, scritti.
Compagnie frequentate, condotta.
Partecipazione diretta o indiretta alla propaganda.

APPLICAZIONE AI SERVIZI DI POLIZIA.
Per la sorveglianza.
Per le misure preventive.
Per la repressione e le indagini.

IL SENTIMENTO MORALE.

LO SVILUPPO DEL SENTIMENTO MORALE IN RAPPORTO
- Coll'età.
- Col sesso.
- Colla razza.
- Con le condizioni sociali.
- Con le condizioni economiche.
- Con la degenerazione.
- Con le malattie.
- Con i traumi.

GRADAZIONI ...
- Altruismo, egoismo.
- Probità, scaltrezza.
- Immoralità. . . . { Latente, palese, parziale. / Completa, continua, accidentale.
- Perversità, brutalità.

MANIFESTAZIONI DEL SENSO MORALE.

ATTI DI PIETÀ VERSO ALTRUI.

OPEROSITÀ (laboriosità).
- Attitudine al lavoro.
- Incostanza nel lavoro.
- Professioni preferite.
- Tendenza al vagabondaggio.

ORIGINE DEI MEZZI DI SOSTENTAMENTO.
- Si mantiene.
- Si fa mantenere. { Questua. / Moglie. / Prostitute. / Amici.

PREVIDENZA. . .
- Risparmi.
- Dissipatezza.
- Prodigalità.

CONTEGNO NEGLI AFFARI.
- Probità, scaltrezza.
- Mancanza di fede.
- Debiti, litigiosità.
- Fallimenti.

SINCERITÀ, MENZOGNA, SIMULAZIONE.

CONTEGNO NELLE QUESTIONI: Pacifico, accattabrighe, prepotente.

CONTEGNO COLLE AUTORITÀ: Istinto di ribellione, ossequenza.

COMPAGNIE FREQUENTATE: Buone, cattive.

RAPPORTI CON PREGIUDICATI.

RAPPORTI COLLE PROSTITUTE.

RAPPORTI CON INDIVIDUI SOSPETTI

RAPPORTI COLLA CRIMINALITÀ LOCALE.

RAPPORTI CON CAMORRISTI, MAFFIOSI, TEPPISTI, BARABBA, BULLI.

SCRITTI, MODO DI PARLARE, GERGO, LETTURE PREFERITE, TATUAGGI, PASSIONI PREVALENTI, GIUOCHI PREFERITI.

ABITUDINI, PASSIONI (vino, giuoco, crapula, donna).

CONTEGNO NELLE DIVERSE CIRCOSTANZE DELLA VITA.

7

IL SENTIMENTO MORALE (*Segue*).

(Segue) M A N I F E S T A- ZIONI DEL SEN- SO MORALE.	REATI	Genere dei reati. Cause a delinquere. Modo in cui fu- rono compiuti i reati.	Premeditazione, calcolo. Freddezza, impulsività. Cinismo feroce.

Genere dei reati.
Cause a delinquere.

Modo in cui fu- (Premeditazione, calcolo.
rono compiuti { Freddezza, impulsività.
i reati. (Cinismo feroce.

Stato in cui fu- (Stato esaltato.
rono compiuti { Stato calmo.
i reati. { Stato cosciente.
 (Stato incosciente.

Contegno dopo il (Fugge, si consegna, confessa o nega,
reato. (si contraddice, simula.

Contegno nell'istruttoria, al dibattimento.
Contraddizioni o incoerenze nelle risposte.
Contegno in carcere, a domicilio coatto.
Contegno di ritorno in libertà.
Attitudine criminale prevalente.
Recidive generiche e specifiche.

SINTESI DELL'ESAME PSICHICO.

CARATTERE . . .

Debole, suggestionabile, forte, tenace, ostinato.
Costante, incostante, volubile, bizzarro.
Uniforme, non uniforme.
Dolce, brusco.
Allegro, indifferente, triste.
Buono, cattivo, altruista, egoista.
Espansivo, cupo, chiuso.
Timido, fiero, spavaldo.
Socievole, misantropo.
Sincero, ipocrita, dissimulatore.
Scrupoloso, onesto, disonesto.
Tranquillo, vivace, irrequieto.
Calmo, irritabile o suscettibile.
Disciplinato, indisciplinato.
Forte, frivolo.
Riflessivo, impulsivo.
Positivo, fantastico.
Accondiscendente, contrariante (cavilloso, querulante, accattabrighe, spirito
di opposizione).
Coerente, incoerente.
Equilibrato, squilibrato.

TEMPERAMENTO

Calmo, irrequieto.
Emozionabile, non emozionabile.
Uniforme, variabile.
Apatico, eccitabile, violento.
Equilibrato, squilibrato, pazzesco.
Buono, cattivo.

Identificazione anamnestica.

L'identificazione anamnestica o biografica.

LE GENERALITÀ.

Necessità delle ricerche anamnestiche per la conoscenza e la sorveglianza del reo
e per l'accertamento dei reati.

IL PAESE . . . . .
- Distribuzione geografica della criminalità.
- La nazione.
- La regione.
- La città.
- Il rione.
- La contrada.

L'EREDITÀ (la famiglia).

Importanza dell'eredità.
- Normale, morbosa.
- Diretta, indiretta.
- Similare, dissimilare.

Genitori . . . . .
- Viventi, assenti, ignoti.
- Agiati, disagiati, poveri.
- Onesti, disonesti, sospetti.
- Normali di mente, pazzi, squilibrati.
- Abbandonarono o no i figli.

Fratelli e sorelle.
- LABORIOSITÀ.
- MORALITÀ.
- STATO MENTALE.
- CONDIZIONE SOCIALE.

Affini . . . . . .
- MORALITÀ.
- CONDIZIONE SOCIALE.
- STATO MENTALE.

IL SESSO . . . . .
- Sesso e criminalità.
- Criminalità e prostituzione.

L'ETÀ . . . .

Prima età . . . .
- Minorenni orfani.
- Minorenni illegittimi.
- Minorenni abbandonati.
- Minorenni discoli.
- Minorenni tardivi.
- Minorenni delinquenti.

- Adolescenza e giovinezza.
- Virilità.
- Vecchiaia.

CONDIZIONE SOCIALE ED ECONOMICA.
- Agiata, disagiata.
- Povera, ricca.
- Campagnolo, cittadino.
- Operaio, borghese.
- Militare, impiegato, sacerdote, ecc.

Mezzi di sostentamento.
- Proprî.
- Altrui.

Origine dei mezzi di sostentamento.
- Onesta.
- Sospetta.
- Criminosa.

L'identificazione anamnestica (*Segue*).

PROFESSIONI. . .
- Agricoltore.
- Operaio . . . . . { Professioni domestiche. / Professioni industriali. }
- Vetturino, cocchiere.
- Domestico.
- Commesso di bottega o di ufficio.
- Fattorino di servizi pubblici.
- Negoziante.
- Sensale.
- Militare.
- Sacerdote.
- Impiegato.
- Professionista libero.
- Letterato, artista.
- Mestieri sospetti. { Agenzie di pegni. / Mestieri girovaghi. / Rivenditori di cose usate. / Tenutarî di bische. / Tenutarî di case di prostituzione. }

LA VITA.

INFANZIA E GIOVINEZZA.

- Istruzione . . . . { Mancante (analfabetismo). / Discreta. / Vasta. }
- Educazione . . . { Fu in condizione di essere educato. / Non fu in condizione di essere educato. }
- Vicende della pubertà. { Normale. / Precoce. / Tardiva. / Morbosa. }
- Dove e come venne trascorsa l'infanzia e la giovinezza.
  - In abbandono nelle pubbliche vie.
  - In famiglia propria od altrui.
  - In istituti di educazione e di istruzione.
  - In istituti di beneficenza.
  - In case di correzione.
  - Contegno tenuto. { In famiglia. / Nella scuola. / In istituti o collegi. / In case di correzione. }
  - Inclinazione dimostrata. { Allo studio. / Al lavoro. / Al vagabondaggio. / Alla questua. / Ai reati. }

LA VITA (*Segue*).

CONTEGNO COLLA PROPRIA FAMIGLIA.

- **Moglie**
  - RAPPORTI COLLA MOGLIE.
    - La tratta bene.
    - La maltratta.
    - La mantiene.
    - La sfrutta ....
      - Colla questua.
      - Col lavoro.
    - La prostituisce.
  - CONVIVENZA COLLA MOGLIE.
    - Convive.
    - Non convive.
    - L'abbandonò.
    - Ne fu abbandonato.
  - CONVIVENZA CON ALTRE DONNE.
    - Convive con altre donne.
      - Prostitute.
      - Non prostitute.
    - Non convive con altre donne.
- **Figli**
  - TRATTAMENTO DEI FIGLI.
    - Li ama, li tratta bene.
    - Li maltratta, li sevizia.
    - Li educa, li trascura.
  - MANTENIMENTO DEI FIGLI.
    - Li mantiene.
    - Li sfrutta ....
      - Per mezzo della questua.
      - Per mezzo di un mestiere girovago.
    - Li abbandona.
    - Li prostituisce.

CONTEGNO COLLA DONNA.
- Contegno normale.
- Convivenza con prostitute.
- Convivenza con donne criminali.
- Si fa mantenere dalla donna.

COMPAGNIE.
- Vive solitario.
- Frequenta o non frequenta compagnie.
- Ha compagni ..
  - Onesti.
  - Sospetti.
  - Pregiudicati.

CONTEGNO NEL LAVORO.
- **Laboriosità** ...
  - Lavora assiduamente.
  - Lavora poco.
  - Non lavora affatto.
  - E' disoccupato per propria colpa.
- **Costanza o stabilità nel lavoro.**
  - È dato a stabile lavoro.
  - Cambia sovente professione.
  - Cambia sovente padrone.
- **Contegno durante la disoccupazione.**
  - Fa vita metodica.
  - Ha abitudini viziose.
- **Partecipazione a scioperi.**
  - Attiva.
  - Passiva.

PASSATEMPI E ABITUDINI.
- Fa viaggi per divertimento, per istruzione.
- Partecipa a feste.
- E' appassionato di esercizi sportivi.
- Frequenta ....
  - Teatri.
  - Balli.
  - Cafés-chantants.
  - Osterie.

LA VITA (*Segue*).

PASSATEMPI E ABITUDINI. *(Segue)*	Frequenta osterie	Si ubbriaca. Non si ubbriaca.
	Frequenta case da giuoco.	Fa giuoco prudente o ruinoso. Ha fatto grandi vincite o perdite. Ginoca come tenutario di banco o no. E' giocatore di mestiere o no. E' onesto nel giuoco o è scaltro.
	Frequenta abitualmente case di prostituzione. E' dedito alle orgie.	

CONTEGNO NEGLI AFFARI.
- Intraprendente.
- Azzardato.
- Affarista.
- Senza iniziativa.
- Onesto.
- Poco onesto.
- Disonesto.

Fallimenti	Cause determinanti il fallimento. Contegno verso i creditori. Modo con cui venne definito il fallimento. Condizioni finanziarie e contegno dopo il fallimento.

CONTEGNO NELLA VITA CITTADINA.

Partecipazione .	Si interessa degli affari del paese. E' indifferente.
Cariche sostenute.	Ebbe a cuore l'interesse pubblico. Se ne valse per scopi personali.

Sistema di vita.
Riputazione o concetto in cui è tenuto dalla pubblica opinione.

CONTEGNO NELLA VITA SOCIALE E POLITICA.
- Indifferente.
- Partecipe e come.

CONTEGNO NELLA VITA MILITARE.
- CONDOTTA.
- GRADO RAGGIUNTO.
- DISERZIONI.
- INSUBORDINAZIONI.

REATI COMMESSI	D'indole comune. D'indole militare.

REATI COMMESSI E PROCEDIMENTI GIUDIZIARI.

CONTEGNO E VICENDE IN CARCERE E A DOMICILIO COATTO.
- Insubordinazioni, ribellioni, sobillazioni.
- Influenza sui condetenuti.
- Simulazioni.
- Tentativi di suicidio.
- Disturbi mentali.

AVVENIMENTI IMPORTANTI DELLA VITA.
- Disgrazie di famiglia.
- Dispiaceri gravi.
- Persecuzioni, offese, torti subiti.
- Partecipazione ad avvenimenti importanti del paese.
- Inimicizie di partito - Odî di famiglia.
- Viaggi.
- Malattie.
- Traumi.

PARTE SECONDA

L'IDENTIFICAZIONE SPECIFICA.

Le classi pericolose della società.

GENERALITÀ.

UTILIZZAZIONE DELLA CONO-SCENZA DELLE CLASSI PERI-COLOSE.
- Per le funzioni della polizia giudiziaria.
- Per l'applicazione dei provvedimenti della legge di P. S.

LO STUDIO DEL-LE CLASSI PE-RICOLOSE.
- I delinquenti secondo la loro natura.
- I delinquenti secondo i reati.
- Le persone contemplate dalla legge di P. S. e i criteri per la sua applicazione.

Le classi pericolose secondo la natura del delinquente.

SPECIE DI DELIN-QUENTI.
- Delinquenti non infermi di mente.
- Delinquenti infermi di mente.

I delinquenti non infermi di mente.

CLASSIFICAZIONE.

DELINQUENTI NORMALI.
- Delinquenti di occasione.

DELINQUENTI ANORMALI.
- STATO ANORMA-LE PERMANEN-TE.
  - Predisposizione congenita.
    - Delinquente nato.
    - Criminaloide.
  - Abitudine acqui-sita.
    - Delinquenti abi-tuali.
      - *EDUCATI MALE. ABITUATI AL REATO.*
- STATO ANORMA-LE TEMPORA-NEO.
  - Delinquenti per passione.

IL DELINQUENTE D'OCCASIONE.

CARATTERI IN-
DIPENDENTE-
MENTE DAL
REATO.
> Normali o quasi.
> Sovente: eccitabilità, emotività esagerata.

CARATTERI IN
RELAZIONE
COL REATO.

Causa . . . . . . | Proporzionata, dipendente essenzialmente dall'ambiente.

Genere di reato. | Reati non gravissimi, contro la proprietà e le persone.

Contegno prima del reato.
> Premeditazione non lunga, sovente mancante.
> Sovente stato agitato.

Esecuzione del reato.
> Sovente incompleta.

Contegno durante il reato.
> Sovente stato agitato.

Contegno dopo il reato.
> Forte agitazione.
> Si consegna - Può scappare.
> Confessa - Si pente.
> Rara recidiva.
> Trasformazione lenta in delinquente abituale per le circostanze.

IL DELINQUENTE NATO O ISTINTIVO.

CARATTERI IN-
DIPENDENTI
DAL REATO.

Somatici . . . . .
> Prevalenza del tipo inferiore, asimmetrico, antieuritmico (V. a pag. 57 e seg.)
> Frequenza del *tipo criminale* (V. a pag. 62).

Funzionali. . . .
> Agilità - Asimmetrie motorie.
> Scarsa sensibilità - Ipoalgesia.
> Alcune sensibilità specifiche iperacute (vista).
> Asimmetrie sensoriali.
> Disvulnerabilità.

Tatuaggio . . . .
> Precoce, molteplice, ornamentale, osceno, primitivo, specifico (criminoso).

Caratteri psichici.

INTELLIGENZA. .
> Parziale imbecillità, imprevidenza, incoerenza, spensieratezza, umorismo, genialità, subdelirio di persecuzione.

VOLONTÁ . . . .
> Debolezza, ostinatezza.
> Incostanza, volubilità.
> Eccitabilità, impulsività.

SENTIMENTI . . .
> Deficienza, squilibrio.
> Tono sentimentale depresso.
> Sentimento esagerato della personalità.
> Affettività squilibrata.
> Passioni: vino, giuoco, orgia.
> Sensualità precoce, abnorme, oscenità.
> Assenza sentimento morale (Vedi a pag. 97 e 98).
> Ribelle al principio di autorità.

IL DELINQUENTE NATO O ISTINTIVO (Segue).

(Segue) **CARATTERI INDIPENDENTI DAL REATO.**	**(Segue) Caratteri psichici.**	CARATTERE . . .	Ostinato, volubile, cattivo, egoista, cupo, spavaldo, dissimulatore, irrequieto, irritabile, indisciplinato, impulsivo, contrariante, incoerente, squilibrato.
		TEMPERAMENTO.	Irrequieto, variabile, non emozionabile, apatico, violento, squilibrato.

Caratteri anamnestici: Eredità patologica degenerativa.

CARATTERI IN RELAZIONE COL REATO.	**Causa del reato.**	Dipendente più dall'individuo che dall'ambiente. Sproporzionata al reato (minima). Cupidigia. Violenza, vendetta, ira.
	Genere del reato.	Reati gravissimi contro la proprietà, le persone, ecc.
	Contegno prima del reato.	Premeditazione anche lunga (può mancare).
	Contegno durante il reato.	Freddezza, impulsività, ferocia.
	Esecuzione del reato.	Sovente completa.
	Contegno dopo il reato.	Calmo.
	Contegno successivo.	Fuga, orgia nei postriboli, nelle osterie. Dissimulazione, simulazione. Resistenza, ribellione. Recidive. (V. Senso morale a pag. 97).

IL CRIMINALOIDE O DELINQUENTE ISTINTIVO INCOMPLETO
RIVELATO DALL'OCCASIONE.

CARATTERI INDIPENDENTE-MENTE DAL REATO.		Molti dei caratteri anatomici, funzionali, psichici, anamnestici dei delinquenti nati, minore immoralità, minore degenerazione.
CARATTERE IN RELAZIONE COL REATO.	**Causa. . . . . . .**	Dipendente prima dall'ambiente e poi da circostanze individuali. Sovente non proporzionata.
	Genere del reato.	Simile a quello del delinquente nato, sovente meno grave.
	Contegno prima del reato.	Simile a quello del delinquente nato.
	Esecuzione del reato.	Rivela la delinquenza latente dell'individuo.
	Contegno durante e dopo il reato.	Simile a quello del delinquente nato.

IL DELINQUENTE PER ABITUDINE ACQUISITA.

CARATTERI INDIPENDENTEMENTE DAL REATO.	**Caratteri congeniti.**	Possono essere normali. Arresto o ritardo di sviluppo per circostanze di ambiente.
	Caratteri acquisiti.	Indebolimento intellettuale, idee di persecuzione. Indebolimento della volontà. { Inerzia, automatismo. Ipereccitabilità, impulsività. Indebolimento dei sentimenti. { Apatia, ottundimento o atrofia del senso morale.
	Caratteri anamnestici.	Sovente eredità morbosa. Mancata educazione. Reati occasionali seguiti da: detenzione, disoccupazione, ammonizione, che resero inevitabile l'abitudine al reato.
CARATTERI IN RELAZIONE COL REATO.	**Causa. . . . . . .**	Dipendente dall'ambiente. Dipendente dall'individuo, prodotto o modificato dall'ambiente.
	Genere di reati.	Piccoli reati e talora anche gravi, contro le persone e la proprietà.
	Contegno prima, durante e dopo il reato.	Simile a quello del delinquente nato, ma rilevante minore immoralità.

IL DELINQUENTE PER PASSIONE.

CARATTERI INDIPENDENTEMENTE DAL REATO.		Intelligenza normale o superiore. Sovente nevropatico. Molto emozionabile. Senso morale integro. Eredità sovente morbosa.
CARATTERI IN RELAZIONE COL REATO.	**Causa . . . .**	Giusto movente. Grave offesa. Intenso affetto. Forte, elevata passione.
	Genere di reato.	Reato di sangue, reato politico.
	Contegno prima del reato.	Talora premeditazione. Agitazione intensa.
	Contegno durante il reato.	Agitazione intensissima, stato di automatismo.
	Esecuzione del reato.	Sovente mancato o male eseguito.
	Contegno dopo il reato.	Depressione. Talora tentativo di suicidio. Rara fuga. Pentimento, confessione. Alterazioni mentali.

Delinquenza associata e collettiva.

LA COPPIA DELINQUENTE.

Sesso	Stesso sesso. Diverso.			
Natura criminale dei componenti.	La stessa. Diversa	Il suggestionato-re o *incube*. Il suggestionato o *succube*.	Delinquente nato, o criminaloide, o delinquente abituale. Delinquente di occasione.	
Esecutori del reato.	Ambedue. Uno	L'*incube*. Il *succube*.		

Azione della suggestione : Massima.

I DELINQUENTI ASSOCIATI.

ASSOCIAZIONE OCCASIONALE	Origine	Occasione fortuita.
	Natura criminale dei componenti.	Uguale (delinquenti istintivi). Diversa (possono prevalere i delinquenti occasionali).
	Azione della suggestione.	Notevole.
ASSOCIAZIONE ORGANIZZATA	Origine	Intenzione prestabilita di delinquere.
	Natura criminale dei componenti.	Uguale (delinquenti istintivi). Diversa (prevalgono i delinquenti istintivi).
	Azione della suggestione.	Minima.

LE SÈTTE DELINQUENTI.

Origine	Sentimenti intensi.	Politici. Religiosi. Criminosi. Sociali.
Natura dei componenti la setta.	Uguale (delinquenti passionali, occasionali o istintivi). Diversa (prevalgono i delinquenti passionali).	
Stato psichico dei componenti la setta.	Stato emozionale. Stato passionale. Stato tranquillo.	

Manifestazioni : Reati originati dal sentimento passionale dominante la setta.

Azione della suggestione: Varia.

· LA FOLLA DELINQUENTE.

Origine. . . . . { Riunione occasionale, accidentale.
{ Riunione prestabilita.

Numero . . . . { Agglomerazione molto numerosa.
{ Agglomerazione poco numerosa.

Natura dei compo-
nenti la folla.
{ I ʹsuggestionatori (*meneurs*): delinquenti di occasione, o per passione, o istintivi.
{ I suggestionati : delinquenti occasionali.
{ I delinquenti istintivi, che determinano l'intensità della reazione criminosa.
{ Gli squilibrati.

Azione della sug-
gestione.
{ Massima.

Eftetti . . . .
{ Indebolimento del potere inibitore individuale.
{ Automatismo.
{ Stato passionale.
{ Reati . . . . { Per lo più non premeditati.
{ Sproporzionati alle cause.
{ Reazioni violentissime.

I delinquenti infermi di mente.

INFERMITÀ DI
MENTE CONGE-
NITA.
{ I mancanti o deviati di sviluppo mentale.
{ Gli squilibrati.

INFERMITÀ DI
MENTE ACQUI-
SITA.
{ Gli alienati per malattie mentali acute.
{ Gli alienati cronici.

I delinquenti pazzi per attitudine congenita.

I FRENASTENICI

(ARRESTO E DEVIAZIONE DELLO SVILUPPO PSICHICO).

IDIOTI (compresi i microcefali e alcuni cretini).	**Caratteri salienti.**	Tipo antropologico inferiore. Arrestati nello sviluppo psichico.
	Reati	Reati rari contro le persone. Reati rari contro il buon costume. Reati rari contro la proprietà.
IMBECILLI (compresi i cretini).	**Caratteri salienti.**	Tipo antropologico anormale. Deficienza e squilibrio intellettuale. Impulsività. Debolezza di volontà. Immoralità. Sensualità esagerata.
	Reati	Reati frequenti contro le persone. Reati frequenti contro il buon costume. Reati frequenti contro la proprietà. Mendicità. Complicità in reati. False testimonianze. False accuse. Auto-accuse.

GLI SQUILIBRATI

(DEGENERAZIONE E PREDISPOSIZIONE EREDITARIA).

I DEBOLI DI MENTE.	**Caratteri salienti.**		Debolezza intellettuale. Scarso senso morale. Suggestionabilità.
	Reati		Complicità in ogni genere di reati. Reati contro le persone e il buon costume. Reati di furto, d'incendio. Reati politici.
I PAZZI MORALI (ciechi morali).	**Caratteri salienti.**		Parziale imbecillità intellettuale. Assenza completa del sentimento morale (esagerazione del delinquente nato completo).
	Reati		Ogni genere di reati.
I NEVROPSICOPATICI.	**I PSICOSTENICI** (nevrastenici psicopatici).	**Caratteri salienti.**	Debolezza intellettuale. Alterazioni della volontà. Suggestionabilità. Debolezza del sentimento morale.
		Reati	Complicità in ogni genere di reati. Reati contro le persone, la proprietà (truffe), reati politici, ecc.

GLI SQUILIBRATI (*Segue*).

I NEVROPSICOPATICI. (*Segue*)

GLI ISTERICI

Caratteri salienti.
- Lesioni della sensibilità.
- Asimmetrie sensoriali.
- Campo della coscienza limitata.
- Volontà debole, incostante.
- Massima suggestionabilità.
- Senso morale debole.
- Simulazione, dissimulazione.
- Squilibri sentimentali.
- Accessi convulsivi motorî e psichici.

Reati.
- False accuse.
- Auto-accuse.
- Diffamazioni.
- False testimonianze.
- Reati contro la proprietà (truffe ingegnose, falsi).
- Reati contro le persone.

GLI EPILETTICI.

Caratteri salienti.
- Tipo antropologico asimmetrico.
- Sensibilità dolorifica attutita.
- Esagerata suscettibilità all'alcool.
- Eccitabilità, impulsività.
- Iracondia morbosa.
- Senso morale debole o mancante.
- Accessi . . . . . .
  - *Convulsioni motorie:* Parziali, generali.
  - *Convulsioni psichiche:* Assenza di coscienza, stato crepuscolare, fughe, scariche psichiche criminose.

Reati.
- Ogni genere di reato.
- Prevalenti i reati contro le persone.
- Ribellione all'autorità.
- Sovente brutale malvagità.

GLI PSICOPATICI SESSUALI.
- Erotomani (stupri, atti violenti di libidine, uccisione della vittima).
- Sadisti (stupri, libidine violenta con ferimenti e omicidî).
- Necrofiliaci (violatori di cadaveri).
- Invertiti sessuali (reati di libidine, offese al pudore).

I PARANOICI
- Mattoidi . . . . .
  - Diffamatori, persecutori.
  - Demagoghi litigiosi.
- Affetti da delirio di persecuzione (omicidi).
- Affetti da delirio erotico, mistico (reati contro le persone, reati sessuali).
- Affetti da delirio demagogico (reati politici).

GLI OSSESSI
- **Caratteri salienti:** Idea fissa, impulsione irresistibile.
- **Reati.**
  - Contro le persone (ossessione omicida).
  - Contro la proprietà (cleptomania).
  - Contro il buon costume (erotomania).

I delinquenti infermi di mente per malattia acquisita.

GLI ALIENATI PER MALATTIE MENTALI ACUTE (frenosi).

I maniaci (stato di esaltazione).
{ Ribellioni.
Reati contro le persone.

I melanconici (stato di depressione).
{ Reati contro le persone.
Suicidio.

Gli allucinati. .
{ Reati contro le persone.
Ribellioni.

I dementi acuti.
{ Reati contro il buon costume.
Reati lievi contro la proprietà e le persone.

I deliranti acuti (incoerenza massima; casi frequenti in carcere).
{ Reati contro le persone.
Ribellioni.

GLI ALIENATI CRONICI (cerebropsicopatici).

I paralitici (paralisi generale progressiva).
{ NEGLI ESORDI . { Truffe.
Altri reati contro la proprietà.
Reati contro il buon costume.

Gli intossicati .
{ GLI ALCOOLIZZATI (delirium tremens, allucinazioni, iracondia).
{ Resistenza alle autorità.
Ribellione.
Reati contro le persone.
Reati contro la proprietà.

I PELLAGROSI. .
{ Reati contro le persone.
Suicidi (specie per annegamento).

ALTRI INTOSSICATI.

I dementi . . . . | OFFESE AL PUDORE.

Le classi pericolose secondo i loro reati e la loro natura.

I rei abituali (la mala vita) - I rei contro le persone – I rei sessuali - I rei contro la proprietà

La camorra - La maffia - Le prostitute

I REI ABITUALI.

MENDICANTI...	**Mendicanti veri.**	*Bisognosi per misere condizioni economiche.* *Disoccupati senza loro colpa.* *Inabili al lavoro.*	Assolutamente. Relativamente. Per infermità fisiche. Per attitudini psichiche (frenastenici, psicopatici, deboli di mente).
	Pseudomendicanti.	Mendicanti di professione: Delinquenti istintivi che simulano infermità, prendono bambini in prestito, ecc. Delinquenti ricercati dalla polizia.	

VAGABONDI...
- Poveri.
- Inabili al lavoro.
- Oziosi vaganti.
- Individui inadatti al lavoro continuo e stabile.
- Disoccupati.
- Minorenni vagabondi.
- Delinquenti ricercati dalla polizia.
- Pellegrini.
- Deboli di mente.
- Erranti automatici (epilessia procursiva).
- Zingari.

MESTIERANTI GIROVAGHI.
- Venditori ambulanti.
- Sonatori d'organetto.
- Saltimbanchi.
- Giocatori d'azzardo di piazza.
- Giocolieri.
- Sonnambuli di piazza.
- Stregoni e fattucchiere.

SESSUALI.....	**I mantenuti...**	OPERAI CHE LAVORANO.	Mantenuti dalla moglie.
		SIGNORI CHE HANNO MEZZI DI SUSSISTENZA.	Mantenuti da prostitute basse o di alto bordo.
		MANTENUTI PROFESSIONALI.	*Alphonses-souteneurs* (ricottari, magnaccia).

Mezzani, lenoni (corruttori di minorenni).

I REI ABITUALI (*Segue*).

(*Segue*) SESSUALI	Libidinosi. . . .	PERVERTITI E INVERTITI.	Pederasti attivi. Pederasti passivi (*cinedi*).	
		PROFESSIONALI.	Prostituti (delinquenti comuni). Prostitute (V. a pag. 122).	

ABITUALI DI PICCOLI REATI. { Ubbriaconi. Schiamazzatori. Recidivi in contravvenzioni. Piccoli furti campestri e domestici. Rivoltosi.

VIGILATI E AMMONITI. { Già condannati per reati gravi. Non ancora condannati per reati gravi.

LIBERATI DAL CARCERE E DAL DOMICILIO COATTO.

PREGIUDICATI SPECIFICI LOCALI DEI SINGOLI PAESI. { Barabba. Teppisti. Bulli. Magnaccia. Camorristi (V. appresso). Maffiosi, ecc., ecc. (V. appresso).

SOVVERSIVI PERICOLOSI. { Propagandisti anarchici di fatto.

IMPUNITI . . . . . { Delinquenti scaltri che, nonostante siano dediti al malfare, sfuggono alla legge.

I REI CONTRO LE PERSONE

(ISTINTIVI, OCCASIONALI E PAZZI).

OCCASIONALI . . { Legittima difesa. Eccesso di legittima difesa. Provocazione grave. Per passione etica.

ACCATTABRIGHE IMPULSIVI (delinquenti nati, criminaloidi abituali). { Feritori. Omicidi.

VIOLENTI PER VENDETTA E PER ODIO (delinquenti nati, criminaloidi delinquenti per abitudine).

I REI CONTRO LE PERSONE (*Segue*)

(ISTINTIVI, OCCASIONALI E PAZZI).

VIOLENTI PER CUPIDIGIA (delinquenti nati, criminaloidi, abituali).
- Furti con lesioni personali e omicidio.
- Rapine con lesioni personali e omicidio.
- Brigantaggio.
- Omicidî in famiglia per ragioni d'interesse (avvelenatori).

VIOLENTI PER BRUTALE MALVAGITÀ.
- Delinquenti nati.
- Pazzi morali, epilettici.
- Sadisti.

VIOLENTI PAZZESCHI.
- Epilettici.
- Paranoici.
- Allucinati.
- Ossessi.
- Frenastenici.
- Alcoolisti.
- Pellagrosi.

I REI SESSUALI.

REI SPECIFICI (stupro, reati di libidine, corruzione di minorenni).
- **Non pazzi** . . . .
  - Occasionali (giovani, adulti, vecchi, corrotti).
  - Istintivi.
- **Pazzi** . . . .
  - Invertiti.
  - Zoofiliaci (bestialità).
  - Necrofiliaci.
  - Sadisti.

REI NON SPECIFICI.
- Rei di stupro e libidine.
- Delinquenti istintivi che commettono anche reati sessuali.

I REI CONTRO LA PROPRIETÀ.

LADRI (eccettuati i borsaioli).

Furto semplice e qualche furto aggravato (delinquenti occasionali, istintivi e pazzi).
- Furti campestri.
- Furti domestici.
- Furti in botteghe.
- Furti nei grandi magazzini.
- Furti dalle vetrine.
- Furti dai carri, ecc.
- Furti nelle case aperte (*bonjouriers*).
- Furti nelle case che sono da appigionare.

Furto qualificato (delinquenti istintivi, rari gli occasionali).
- Con scasso di porte, casse, vetrine.
- Con scalata.
- Con effrazione di muri.
- Con chiavi false.
- Col concorso di altri reati.

I REI CONTRO LA PROPRIETÀ (*Segue*).

BORSAIOLI ....

Con destrezza (delinquenti istintivi e per abitudine).
- Borseggio colle dita a forchetta.
- Colle forbici, con temperini.
- Con pinze, con pezzetti di vetro, di latta arrotati, ecc.
- Sulle panche a danno di dormienti e di ubbriachi.
- Nei treni, nei trams, ecc.

Con astuzia e destrezza (delinquenti istintivi).
- Furto al cloroformio.
- Con manicotti falsi.
- Con altri mezzi ingegnosi.
- All'americana (cambio di monete, ecc.).

RAPINATORI ISO-LATI OD ASSO-CIATI (delinquenti istintivi).

Con atti violenti e destrezza.
- Colpo « à la bascule » afferrando la vittima di fronte per il colletto e uncinando colla propria la sua gamba destra.
- Colpo alla « piccola sedia » afferrando la vittima per il colletto dal di dietro e sostenendola col ginocchio destro.
- Colpo « del padre François ». Il ladro butta per di dietro un grosso fazzoletto al collo della vittima, poi si volta rapidamente e se la trascina dietro sostenendola sulla schiena, mentre un compare la deruba.

Aggressioni a mano armata.
- Rapinatori individuali.
- Rapinatori associati, brigantaggio.

Con violenza psichica (minacce).

ESTORSIONI: Delinquenti istintivi.

RICATTI CON SEQUESTRO DI PERSONA: Delinquenti istintivi.

TRUFFATORI: Delinquenti istintivi.

APPROPRIATORI INDEBITI: Delinquenti istintivi e d'occasione.

MANUTENGOLI E RICETTATORI: Delinquenti istintivi e d'occasione.

INCENDIARI E DANNEGGIATORI: Delinquenti istintivi, d'occasione e deboli di mente.

FALSARI: Delinquenti istintivi e d'occasione.

FALSI MONETA-RI (istintivi, occasionali e deboli di mente).
- Gli ideatori.
- Gli esecutori materiali.
- I complici.

LA CAMORRA.

NATURA . . . . . . | **Associazione organizzata per difesa, offesa e lucro.**

CARATTERI DE-
GLI AFFILIATI.
- **Caratteri generici.** } Gli stessi dei delinquenti nati e criminaloidi.
- **Caratteri specifici.** } Tatuaggio, criptografia, gergo, funzioni della camorra.

CARATTERI
DELLA CAMOR-
RA.
- **Immoralità**: Vita parassita e criminosa.
- **Spirito di indipendenza.** { Ribellione contro l'autorità.
  Amministrazione della giustizia per proprio conto.
- **Spirito di supremazia**: Abuso dei deboli.
- **Spirito di solidarietà.**

GERARCHIA
DELLA CAMOR-
RA.
- **Alta camorra.** . | I camorristi . . . { Capintesta.
  Caposocietà.
  Contaiuolo.
  Camorrista.
- **Bassa camorra.** { Giovinetti onorati.
  Picciotti.
  Contaiuoli.
  I pali.

TITOLI . . . .
- Aver dato prova di astuzia, bravura contro la Pubblica Sicurezza.
- **Prove esperimentali di coraggio.** { La petreiata.
  La zumpata (coltello).
  Sparata (revolver).

PROVENTI ORDI-
NARI DELLA
CAMORRA.
- **Tassa sugli affari o tangenda.** { Sulle prostitute.
  Sul lenocinio.
  Sul giuoco.
  Su affari, strozzinaggio, imprese, ecc.
  Su servizi pubblici
  Sulle elemosine.
  Sul lucro dei reati.

PUNIZIONI DEL
TRIBUNALE
DELLA CAMOR-
RA.
- **Sospensione della tangenda.**
- **Espulsione.**
- **Schiaffo in pubblico.**
- **Sfregio.** . . . . . { Con rasoio tagliente.
  Con rasoio sgranato.
  Con lo sterco.
- **Sentenza capitale.** { Coltellate all'addome.
  Coltellate al petto.
  Coltellate al capo.

LA MAFFIA.

I MAFFIOSI . . . . } Individui accomunati da un ugual modo di sentire in rapporto più o meno diretto con associazioni criminose organizzate.

ASSOCIAZIONI CRIMINOSE MAFFIOSE. } Associazione di malfattori o Fratellanze.
Bande di brigantaggio.

CARATTERI DEL-LA MAFFIA. }
Spirito di indipendenza: Farsi giustizia da sè
Spirito di supremazia: Imporsi ai deboli.
Diffidenza dell'autorità: Opposizione all'azione giudiziaria.
Spirito di solidarietà: Difesa ad oltranza degli affiliati.
Tendenze criminose. { Lucri illeciti.
Vendette feroci.
Utilizzazione e favoreggiamento di delinquenti comuni.

MANIFESTA-ZIONI. }
Manifestazioni generiche. {
Omertà.
Manutengolismo.
Protezione di averi e persone.
Aiuti con raccomandazioni, suffragi, ecc.
Peculati in appalti, senserie, ecc.

Manifestazioni criminose. {
Schioppettate.
Uccisione in massa di bestiame (abigeato).
Incendi rovinosi di messi e viti.
Lettere minatorie, ricatti, estorsioni, truffe.
Sequestri di persone.
Assassinî.

LE PROSTITUTE.

CLASSIFICA-ZIONE DELLE PROSTITUTE.
- Prostitute nate o istintive.
- Prostitute occasionali.
- Prostitute abituali (occasionali diventate abituali)

CAUSE DELLA PROSTITUZIO-NE.

INDIVIDUALI . .
- Degenerazione ereditaria.
- Degenerazione somatica e psichica.
- Degenerazione acquisita.

DIPENDENTI DALL' AMBIEN-TE.
- Condizioni economiche.
- Disoccupazione.
- Suggestione.
- Abbandono.
- Maternità illegittima.

CARATTERI DEL-LE PROSTITU-TE.

SOMATICI . . . .
- Frequente tipo inferiore, patologico, virile.
- Tatuaggi, insensibilità.

PSICHICI . . . . .
- Scarsa intelligenza: imbecillità, leggerezza, improvidenza.
- Pigrizia.
- Vanità, passione all'alcool, all'orgia.
- Oscenità.
- Immoralità.

PARTECIPA-ZIONE DELLE PROSTITUTE AI REATI.

PARTECIPA-ZIONE INDI-RETTA.
- Oggetto e mezzo di orgia del delinquente.
- Oggetto di lucro (i *ricottari*, i *magnaccia*).
- Movente di reati (difesa e offesa delle prostitute).

PARTECIPA-ZIONE DIRET-TA.
- Complicità in reati.
- Reati per cupidigia, per vendetta, ecc.

Le persone contemplate nella legge di Pubblica Sicurezza
e l'applicazione dei criterî scientifici.

Promotori di una riunione.

DISPOSIZIONI DELLA LEGGE DI P. S.: Art. 1, 2, 3, 4, 5, 6 e 7.

Promotori di processioni ecclesiastiche e civili, in pubblica via, o di cerimonie religioso o altro atto di culto fuori dei luoghi a ciò destinati.

Persone riunite e assembrate.

CRITERÎ DI APPLICAZIONE.

Cause delle riunioni. { Sentimento religioso (V. a pag. 95). Sentimento politico (V. a pag. 96). Interessi economici.

Componenti le riunioni. { I guidatori della folla (meneurs). I guidati. I delinquenti istintivi. Gli squilibrati.

Azione della suggestione sulle folle (V. a pag. 91).

Persone condannate a pene restrittive, interdetti dai pubblici uffici, non riabilitati e altri pregiudicati.

DISPOSIZIONI DELLA LEGGE DI P. S. { Interdizione di porto d'armi : art. 7. Interdizione esercizi pubblici, agenzie pubbliche: articoli 53, 60 e 68. Autorizzazione mestieri girovaghi: art. 73. Disposizioni pei liberati dal carcere: art. 87, 88 e 89.

CRITERÎ DI APPLICAZIONE. { Classificazione dei rei secondo la loro natura e i reati (V. a pag. 116).

Persone che non possono provare la loro buona condotta.

DISPOSIZIONI DELLA LEGGE DI P. S. { Interdizione di porto d'armi : art. 17. Proibizione esercizi pubblici : art. 50, 60 e 69.

CRITERÎ DI APPLICAZIONE. { Caratteri psichici e anamnestici (V. a pag. 83 e seg.). Criterî sulla cattiva condotta (V. appresso).

Persone che esercitano mestieri di pubblico trattenimento.

DISPOSIZIONI DELLA LEGGE DI P. S.: Art. 37.

CRITERÎ DI APPLICAZIONE: I girovaghi (V. a pag. 116).

Persone alloggiate

DISPOSIZIONI DELLA LEGGE DI P. S.: Obbligo di registrazione negli alberghi: art. 61.

CRITERÎ DI APPLICAZIONE. { Identificazione grafica: la scrittura dell'alloggiato (Vedi a pag. 74). Identificazione fisica e anamnestica.

Esercenti mestieri girovaghi.

DISPOSIZIONI DELLA LEGGE DI P. S.: Art. 72, 73 e 75.
CRITERÎ DI APPLICAZIONE: I girovaghi (V. a pag. 116).

Minori di anni 18 idonei ai mestieri.

DISPOSIZIONI DELLA LEGGE DI P. S.: Interdizione di iscrizione ai mestieri di girovaghi: art. 73.

CRITERÎ DI APPLICAZIONE. { Capacità al lavoro stabile. I vagabondi (V. a pag. 116).

Le persone contemplate nella legge di Pubblica Sicurezza e l'applicazione dei criterî scientifici (*Segue*).

Commercianti di cose preziose ed usate.
- DISPOSIZIONI DELLA LEGGE DI P. S.: Art. 77.
- CRITERÎ DI APPLICAZIONE. { I rei contro la proprietà. / I manutengoli (V. a pag. 119).

Mendicanti inabili a qualsiasi lavoro, privi di mezzi di sussistenza.
- DISPOSIZIONI DELLA LEGGE DI P. S.: Tolleranza della questua: art. 80 e 81.
- CRITERÎ DI APPLICAZIONE. { Inabilità fisica e psichica al lavoro. / Inabilità assoluta e relativa al lavoro. / Vedi mendicanti e pseudomendicanti a pag. 116.

Viandanti e persone che fuori del loro Comune destano razionale sospetto sulla loro condotta.
- DISPOSIZIONI DELLA LEGGE DI P. S.: Rimpatrio: art. 85.
- CRITERÎ DI APPLICAZIONE: Individui sospetti (V. appresso).

Viandanti e persone che fuori del loro Comune non possono o non vogliono dar contezza di sè, con mezzi degni di fede, alla richiesta degli ufficiali od agenti di P. S. Stranieri che non sanno dar contezza di sè e sono sprovvisti di mezzi.

DISPOSIZIONI DELLA LEGGE DI P. S.
- Rimpatrio: art. 85.
- Espulsione: art. 92.

CARATTERI DEGLI IGNOTI O SCONOSCIUTI.

Individui non in grado di far conoscere la loro identità.
- Stranieri che parlano lingua sconosciuta.
- Mancanza di documenti giustificativi.
- Analfabeti, sordo-muti.
- Alienati.

Individui che celano la loro identità o la danno falsa.
- Hanno condanne da scontare.
- Sono pregiudicati. { Per isfuggire alla vigilanza speciale. / Per isfuggire al domicilio coatto.
- Hanno commesso reati. { Per isfuggire alla aggravante della recidiva. / Per rimanere impuniti. / Per non lasciar conoscere in pubblico la loro colpa.
- Per non essere rimpatriati.
- Per essere forniti di mezzi di viaggio per preteso rimpatrio.
- Per capriccio (alterazione mentale).

CRITERÎ DI APPLICAZIONE.
- Identificazione fisica.
- Identificazione psichica.
- Identificazione anamnestica.
- Identificazione specifica.

Le persone contemplate nella legge di Pubblica Sicurezza e l'applicazione dei criterî scientifici (*Segue*).

Liberati dal carcere.

DISPOSIZIONI DELLA LEGGE DI P. S.: Traduzione, foglio di via: art. 88 e 89.

CRITERÎ DI APPLICAZIONE. { I delinquenti secondo la loro natura e i loro reati (Vedi a pag. 116). Contegno in carcere.

Oziosi abituali, validi al lavoro non provveduti di mezzi di sussistenza.

DISPOSIZIONI DELLA LEGGE DI P. S.: Proposta per l'ammonizione: art. 94.

CRITERÎ DI APPLICAZIONE. { La validità al lavoro in rapporto ai loro caratteri psichici (V. a pag. 116). I caratteri anamnestici, la vita (V. a pag. 103).

Vagabondi abituali validi al lavoro non provveduti di mezzi di sussistenza.

DISPOSIZIONI DELLA LEGGE DI P. S.: Proposta per l'ammonizione: art. 94.

CRITERÎ DI APPLICAZIONE: I vagabondi (V. a pag. 116).

Diffamati per delitti

DISPOSIZIONI DELLA LEGGE DI P. S.: Proposta per l'ammonizione: art. 95 e 96.

CRITERÎ DI APPLICAZIONE.
- *La voce pubblica.* Coefficienti .... { I fatti. I sospetti. Le calunnie. La suggestione.
- Valore incerto.
- *I diffamati* ... { I delinquenti istintivi (V. a pag. 109). I delinquenti abituali (V. a pag. 110). La mala vita locale (V. a pag. 117).

Oziosi, vagabondi e diffamati minori dei 18 anni.

DISPOSIZIONI DELLA LEGGE DI P. S. { Consegna al padre: art. 113. Ricovero presso famiglie oneste o istituti di educazione correzionale: art. 114.

CRITERÎ DI APPLICAZIONE. { Identificazione anamnestica (famiglia, educazione) (Vedi a pag. 101 e seg.). I vagabondi (V. a pag. 116). I diffamati (V. sopra).

Mendicanti e prostitute abituali minori dei 18 anni.

DISPOSIZIONI DELLA LEGGE DI P. S.: Come sopra.

CRITERÎ DI APPLICAZIONE. { I mendicanti e l'abilità al lavoro (V. a pag. 116). Identificazione anamnestica (famiglia, educazione). Le prostitute (caratteri somatici e psichici) (V. a pag. 122).

Pregiudicati pericolosi. Ammoniti e vigilati speciali pericolosi (art. 133).

DISPOSIZIONI DELLA LEGGE DI P. S. { Negata iscrizione ai mestieri girovaghi: art. 73, 89. Assegnamento a domicilio coatto: art. 123.

CRITERÎ DI APPLICAZIONE. { I delinquenti istintivi ed abituali (V. a pag. 109). Criterî di temibilità (V. appresso).

Coatti mancanti di lavoro e di mezzi di sussistenza senza loro colpa e nella impossibilità di guadagnarseli.

DISPOSIZIONI DELLA LEGGE DI P. S.: Provvedimenti, alloggio e vitto: art. 128.

CRITERÎ DI APPLICAZIONE: Criterî per l'apprezzamento dell'abilità al lavoro (V. a pag. 116).

Le persone contemplate nella legge di Pùbblica Sicurezza

e l'applicazione dei criterî scientifici (*Segue*).

Coatti di buona con- **dotta.** **Coatti prosciolti** **condizionatamen-** **te di cattiva con-** **dotta**.	DISPOSIZIONI DELLA LEGGE DI P. S.	Libertà condizionata: art. 129. Sospensione della libertà condizionata: art. 130.
	CRITERÎ DI AP- PLICAZIONE.	La condotta a domicilio coatto. La condotta in libertà. Criterî sulla buona condotta (V. appresso).
Meretricio	DISPOSIZIONI DELLA LEGGE DI P. S.: Art. 139.	
	CRITERÎ DI AP- PLICAZIONE.	La prostituta e il sentimento sessuale (V. a pag. 122). La prostituta e l'identificazione psichica (Id.). La prostituta e la criminalità (Id.).

Criteri direttivi per l'applicazione delle misure contemplate nella legge di P. S., per la prevenzione dei reati e per la sorveglianza dei pregiudicati.

NORME GENERALI.

I giudizi devono essere fondati su dati di fatto.

Devono essere desunti dall'esame diretto o indiretto dell'individuo, ossia dalla conoscenza del soggetto.

I dati di fatto devono essere raccolti con metodo razionale.

I dati di fatto devono essere molteplici, non equivoci, e corrispondenti tra loro.

LA CATTIVA CONDOTTA.

IN CHE CONSISTE LA CONDOTTA DI UN INDIVIDUO.
- Nel modo di contenersi abitualmente.
- Nel modo di contenersi in determinate circostanze.

VALORE DELLA CONDOTTA DI UN INDIVIDUO.
- La condotta ha valore relativo all'ambiente in cui l'individuo si trova (carcere, a domicilio coatto, in istato di libertà, ecc.).

CARATTERI DELLA CATTIVA CONDOTTA.
- Laboriosità scarsa o nulla.
- Tendenza al vagabondaggio.
- Spese superiori ai guadagni confessabili.
- Disonestà negli affari.
- Debiti, imbrogli.
- Eccessi in vino, alcool.
- Eccessi in giuoco, in orgie.
- Frequenza di compagnie sospette, di persone pregiudicate e diffamate.
- Si fa mantenere dalla moglie o da prostitute.
- Si trattiene abitualmente e pubblicamente con meretrici.
- È accattabrighe, arrogante, violento.
- Maltratta, abbandona o prostituisce la moglie.
- Maltratta, abbandona, sfrutta o prostituisce i figli.
- Fa il mezzano o esercita altre professioni immorali od equivoche.
- Contegno tenuto in circostanze speciali della vita.

PERSONE SOSPETTE.

DATI GENERICI CHE FANNO RITENERE UNA PERSONA SOSPETTA.	**Caratteri fisici, anatomici e funzionali.**	Tipo anatomico cranico-facciale inferiore, tipo criminale (V. a pag. 57). Cicatrici molteplici. Tatuaggi. Callosità dei carcerati. Insensibilità (prove empiriche). Modo di camminare, portamento, sguardo.
	Caratteri psichici.	La condotta può essere cattiva. Caratteri denotanti senso morale deficiente (V. Senso morale a pag. 97). Conoscenza del *gergo*. Linguaggio, scritti. Apprezzamenti da lui fatti in occasione di reati da altri commessi. Conoscenze, amicizie, compagnie. Contegno abituale. Caratteri di alienazione mentale, specie epilessia.
	Caratteri anamnestici.	Eredità (delinquenza, epilessia, prostituzione). Famiglia con pregiudicati o sospetti. Contegno nelle diverse epoche della vita e specialmente in occasione di reati da altri commessi (testimonianze, denunzie, interessamenti).
DATI SPECIFICI CHE FANNO RITENERE FONDATO IL SOSPETTO.	**Identità**	Ignota. Falsa.
	Contegno	Abbigliamenti strani, sovente mutati. Abbigliamenti logori (vagabondi liberati dal carcere, ecc.). Professione ignota o sospetta. Mezzi di sussistenza di ignota provenienza. Domicilio instabile o tenuto nascosto. Atti di simulazione o di dissimulazione. Contraddizioni, menzogne. Compagnie e circostanze speciali.

PERICOLOSITÀ O TEMIBILITÀ DEI PREGIUDICATI IN GENERE.

I CARATTERI PIÙ IMPORTANTI DEI DELINQUENTI ISTINTIVI.

CARATTERI DI TEMIBILITÀ INDIPENDENTI DAI REATI COMMESSI.	**Caratteri anatomici.**	Gravi anomalie somatiche. Tatuaggi molto espressivi.
	Caratteri funzionali.	Insensibilità dimostrata da prove empiriche.
	Caratteri psichici.	Imbecillità parziale. Debolezza della volontà, impulsività. Immoralità, ecc.
	Caratteri anamnestici.	Eredità (delinquenti e pazzi). Vita passata.

PERICOLOSITÀ O TEMIBILITÀ DEI PREGIUDICATI IN GENERE (*Segue*).

(Segue) CARATTERI DI TEMIBILITÀ INDIPENDENTI DAI REATI COMMESSI.

Caratteri psichici.

INTELLIGENZA:
- Parziale imbecillità. { Incoerenza. Spensieratezza. Imprevidenza.
- Idee di persecuzione.

VOLONTÀ:
- Impulsività.
- Violenza.

SENSO MORALE:
- Cattiva condotta (o buona solo in apparenza).
- Istinto di ribellione.
- Vendicativo.
- Nutre odio.
- Incapacità al lavoro.
- Vive a spese altrui.
- E' associato alla mala vita.
- E' cinico, indifferente agli altri mali.
- Freddurista a riguardo dei più gravi delitti.
- Reagisce contro le misure preventive.
- Concetto che ha dei reati e delle pene tratte dal gergo, dagli scritti, dai discorsi.
- Proponimenti criminosi.

CARATTERI MORBOSI:
- Idee radicate di persecuzione.
- Impulsività morbosa.
- Accessi psichici epilettici.
- Accessi violenti alcoolici.

CARATTERI DI TEMIBILITÀ DESUMIBILI DAL REATO (Reati contro le persone).

Causa e genere di reato.
- Causa minima e sproporzionata all'effetto.
- Reati per cupidigia.
- Reati per vendetta e per odio (sproporzionati all'offesa).
- Reati per brutale malvagità. { Impulsività. Sete di sangue.

Contegno prima del reato.
- Premeditazione.
- Mancanza di premeditazione a causa della impulsività.
- Preparazione calma dei particolari:
  - Per assicurare l'esito del reato.
  - Per rendere il colpo più grave (preparazione dell'arma).
  - Per preparare l'alibi.
  - Per dissimulare le tracce o simularne delle false.
  - Per richiamare il sospetto su altri.
  - Per dissimulare la vera forma del reato.
- Preparazione di sè stesso con libazioni.
- Contegno indifferente in atti ordinari compiuti nel periodo di tempo che precedette il reato e la sua preparazione.

PERICOLOSITÀ O TEMIBILITÀ DEI PREGIUDICATI
IN GENERE (*Segue*).

(Segue) CARATTERI DI TEMIBILITÀ DESUMIBILI DAL REATO (Reati contro le persone).	**Contegno durante il reato.**	Freddezza o eccitamento malvagio. Colpisce bene, con giusta mira. Colpisce replicatamente. Si compiace di far soffrire la vittima. Si entusiasma sino alla ferocia.			
	Contegno subito dopo il reato.	Fugge o si fa arrestare.	Per vanità del delitto.	Ne parla. Ne scrive.	
			Per improvidenza.	Ritorna sul luogo del delitto. Scrive lettere anonime.	
		Accusa altri. Cerca deviare l'istruttoria. Usa violenza contro gli accusatori. Passa in stravizi i giorni seguenti il reato. Messo dinanzi il cadavere non prova alcuna impressione. Dopo il delitto dormì tranquillamente.			
	Arrestato	Nega, si contraddice, reagisce.			
	Contegno nel dibattimento.	Violento. Contestatore. Spavaldo.			
	Contegno in carcere.	Nei primi tempi si ribella e può tentare il suicidio. Può anche tenere buona condotta. Progetta e combina altri reati, combina ribellioni.			
	Liberato dal carcere, recidiva più o meno prontamente.				
	Contegno a domicilio coatto.	Lavora. Non lavora. Si associa ai camorristi, ecc. Fa violenze, rivolte. Reati.			
CARATTERI DI TEMIBILITÀ MORBOSA DESUMIBILI DAL REATO (Reati contro le persone).	**Cause . . . .**	Mancanza di causa. Causa sproporzionata e insufficiente. Autosuggestione. Idee deliranti, allucinazioni. Il male per il male, il reato scopo a sè stesso. Reato contrario agli interessi del reo. Reato contrario agli affetti del reo.			
	Contegno prima del reato.	Premeditazione o no. Raro calcolo per l'esatta esecuzione del reato. Sintomi di disturbi mentali.			
	Reati	Reato violentissimo - Ferocia. Molteplici ferite anche su cadavere. Parecchie armi, parecchie vittime. Colpi talora casuali e senza mira.			
	Contegno dopo il reato.	Fuga automatica. Commette altri reati. Tentativi di suicidio. E' còlto talora da sonno profondo. Stati di esaltamento o di forte depressione. Si lascia arrestare. Può non ricordare il reato. Contraddizioni in deposizioni non simulate.			

PERICOLOSITÀ O TEMIBILITÀ DEI PREGIUDICATI
IN GENERE (*Segue*).

CARATTERI DI TEMIBILITÀ DESUMIBILI DAL REATO (Reati contro la proprietà).

Cause a delinquere.
- Bisogno per pigrizia.
- Modo di sentire. (La professione scelta è quella del ladro).
- Mezzo per godere.

Genere di reato.
- Furti semplici abituali.
- Furto qualificato con scassi, scalate, mezzi ingegnosi o audaci, ecc.
- Borseggio astuto.
- Rapina, estorsione, ricatto.
- Truffa ingegnosa.

Esecuzione del reato.
- Qualunque mezzo anche violento.
- Grande intelligenza.
- Abilità, astuzia.
- Scarsa intelligenza, ma brutalità nell'esecuzione.
- Premeditazione, calcolo.

Dopo il reato.
- Fugge, sperpera il prodotto del reato.
- Grande freddezza.
- Si procura degli alibi.
- Nel momento dell'arresto accusa altri.
- Simula, nega più insistentemente del reo contro le persone.
- Al dibattimento si difende bene.
- In carcere prepara altri reati.
- Può simulare buona condotta.
- Recidiva più pronta del reo contro le persone.

CARATTERI DI TEMIBILITÀ DEL DELINQUENTE POLITICO.

Temibilità indipendentemente dal reato.

CARATTERI DI TEMIBILITÀ GENERICA.
- I caratteri di temibilità dei delinquenti comuni possono esservi o mancare affatto.

CARATTERI DI TEMIBILITÀ SPECIFICA.
- Teoria politica professata.
- Potere fascinatore sulle folle.
- Grande suggestionabilità.
- Debolezza mentale.
- Alterazioni di mente (idee pazzesche a base di delirio demagogico).
- Ambiente ove il sovversivo si trova.
- Disoccupazione.
- Condizioni economiche difficili.
- Ingiustizie subite o credute tali.
- Ambizioni smodate.
- Contatti e rapporti con compagni.
- Circostanze speciali.

Temibilità desumibile dal reato.

IN UN REATO POLITICO COMPIUTO DA UN DELINQUENTE TEMIBILE GENERICO SI RILEVANO GLI STESSI CARATTERI DI TEMIBILITÀ CHE PEI REATI COMUNI.

NEL REATO POLITICO COMMESSO DA UN TEMIBILE SPECIFICO LA TEMIBILITÀ INERENTE AL REATO SARÀ IN RAGIONE DIRETTA DELLA FORZA DI PROPAGANDA DEL REATO STESSO, DELLA SUA GRAVITÀ, DEL GRADO RIVESTITO DALLA PERSONA COLPITA.

PARTE TERZA

DACTILOSCOPIA - FOTOGRAFIA ANTROPOMETRIA.

Identificazione dactiloscopica

Caratteri delle impronte digitali.

IMPRONTE DIGI-TALI.	Sono la riproduzione delle linee papillari dei polpastrelli delle dita che formano per la loro disposizione speciale disegni, fin dalla nascita immutabili per tutta la vita, assolutamente diversi da un individuo all'altro.

LINEE PAPILLARI.

1° sistema. . . . *Linee trasversali quasi rettilinee.* — Situate alla base del polpastrello parallelamente alla linea interarticolare.

2° sistema. . . . *Linee longitudinali, curvilinee, oblique.*

Circondano *completamente* il polpastrello, partendo da un estremo della linea trasversa, giungendo alla sommità del dito e discendendo verso l'altro estremo della linea trasversale, che intersecano, onde formano *figure chiuse.*

Circondano *incompletamente* il polpastrello, partendo da un estremo della linea trasversa, giungendo alla sommità del dito e deviando verso il lato corrispondente del polpastrello, più o meno lontano dall'altro estremo della linea papillare trasversa, che non raggiungono, onde formano *figure aperte.*

3° sistema. . . . *Linee mediane a varî disegni e direzioni.* — Occupano lo spazio che sovente rimane limitato dalle linee papillari longitudinali e dalle trasversali, formando varî disegni o figure.

PARTICOLARITÀ DELLE IMPRONTE.

Punto centrale o punti centrali : Centro o centri di figura dell'impronta.

Delta o triangolo : Ai due lati o a un lato delle impronte nel punto in cui si intersecano e poi divergono tra loro le linee verticali e le linee trasversali si forma un triangolo la cui base rivolta verso il centro dell'impronta è formata dalla prima delle linee papillari formanti il disegno centrale, e il cui apice è il punto di incontro dei due sistemi trasversali e perpendicolari di linee papillari.

Numero delle linee papillari tra il delta e il più prossimo punto centrale.

Rapporti tra i due delta nella figura chiusa.
- I due delta sono allo stesso livello.
- Il delta destro è più alto del sinistro.
- Il delta sinistro è più alto del destro.

Contrassegni particolari delle linee papillari.
- Interruzioni, tratteggi.
- Sdoppiamenti.
- Anelli.
- Ramificazioni.
- Punteggiature.
- Caratteri professionali.

Caratteri delle impronte digitali (*Segue*).

FIGURE O DISEGNI PAPILLARI.	*La figura è formata solo dal 1° sistema di linee papillari.*		**Figura ad arco.**
	La figura è formata dal 1° e 2° sistema di linee papillari che si intersecano ai due lati formando due delta.		**Figura a triangolo.**
	La figura è formata da tutti e tre i sistemi di linee papillari.	*La figura è aperta.* Le linee papillari del 2° sistema circondano incompletamente il polpastrello, si intersecano solo da un lato con le linee papillari del 1° sistema (un delta). Le linee papillari del 3° sistema formano un'*ansa*, con più o meno numerose linee papillari, aperta da un lato.	**Figura ad ansa radiale:** aperta all'esterno verso il pollice. **Figura ad ansa ulnare:** aperta allo interno verso il mignolo.
		La figura è chiusa. Le linee papillari del 1° e 2° sistema si intersecano da ambo i lati (due delta). Le linee papillari del 3° sistema formano nello spazio compreso *varie figure.*	**Figura a racchetta.** **Figure a linee concentriche:** circolari, ellissoidali. **Figura a cipolla.** **Figure a spira:** circolari, ellittiche. **Figura a voluta:** semplice, doppia.

Classificazione dactiloscopica italiana (G. Gasti)
adottata nella Scuola di Polizia di Roma.

BASI DELLA
CLASSIFICA-
ZIONE.

Forma delle figure: ad arco, a triangolo, anse ulnari o radiali, figure chiuse.
Numero delle linee papillari fra il centro della figura e il delta.
Rapporto fra i due delta.
Attribuzioni di un simbolo numerico a ogni figura.

CLASSIFICAZIONE E SIMBOLI NUMERICI.

SIMBOLO 0. — Dita o falangi mancanti o impronte permanentemente indecifrabili.
» 1. — Arco semplice o triangolare e con una sola ansa ulnare (aperta dalla parte del mignolo).
» 2. — Ansa radiale (aperta dalla parte del pollice).
» 3. — Ansa ulnare con 10 linee al massimo fra centro e delta.
» 4. — Ansa ulnare con 15 linee al massimo fra centro e delta.
» 5. — Ansa ulnare con più di 15 linee fra centro e delta.
» 6. — Figure chiuse in cui il braccio inferiore del delta sinistro sbocca sopra quello del delta destro di 3 linee almeno.
» 7. — Figure chiuse in cui i due bracci inferiori dei delta s'incontrano, o il sinistro sbocca al disotto o al disopra di non più di 2 linee del destro.
» 8. — Figure chiuse in cui il braccio inferiore del delta sinistro sbocca al disotto di oltre 2 linee del destro.
» 9. — Figure chiuse composte o non classificabili nelle altre categorie.

CONVENZIONI.

L'impronta di ogni dito si indicherà col numero che porta la forma dell'impronta nella classificazione sopra disegnata. Si avranno quindi dieci cifre corrispondenti alle dieci dita.

Le cifre delle 10 dita saranno classificate nel seguente ordine: *Indice, pollice, anulare* della mano sinistra; *indice, pollice, anulare* della mano destra; *medio e mignolo* sinistri; *medio e mignolo* destri. — Si avranno perciò tre numeri: i due primi di tre cifre, l'ultimo di quattro. — Il primo numero rappresenta la Serie. — Il secondo la Sezione. — L'ultimo il Numero della Sezione.

Nei casi dubbi o di impronte non chiare dovranno farsi tanti cartellini diversi quante saranno le classificazioni a cui l'impronta dubbia si presta.

TECNICA.

I. — Strofinare con un pannolino ascintto i polpastrelli delle dita del soggetto onde togliere le tracce d'impurità o di sudore, che comprometterebbero la nitidezza della impronta.

II. — Far poggiare leggermente l'uno dopo l'altro i polpastrelli delle dita del soggetto su di una lastra qualsiasi spalmata d'inchiostro litografico o tipografico.

III. — Far applicare quindi le dita del soggetto su di un pezzo di carta premendole leggermente.

IV. — Durante il lieve contatto delle dita coll'inchiostro e colla carta imprimere alle medesime un unico e limitato movimento di rotazione, in modo che non solo vengano ritratte le linee papillari mediane del polpastrello, ma anche quelle del margine interno ed esterno del dito.

Identificazione fotografica

Il sistema di fotografia segnaletica di A. Bertillon.

STRUMENTI FOTOGRAFICI.

OBIETTIVO.

CAMERA OSCURA RIGIDA SENZA SOFFIETTO.

MIRINO E VETRO SMERIGLIATO con due linee intersecantesi pel punto di mira, sovrapposto all'apparecchio.

CAVALLETTO DI SOSTEGNO.

SEDIA DI POSA GIREVOLE.
{ Piano di base della sedia di posa con otto fori quadrangolari per ricevere i piedi della sedia onde ottenere esattamente la posizione richiesta per la fotografia di fronte e per quella di profilo, senza bisogno per quest'ultima di una nuova messa a fuoco.
Pernio su cui è resa girevole la sedia per le due pose.
Doppia spalliera movibile della sedia per adattarla a seconda della corporatura del soggetto.
Poggiatesta fissato alla spalliera.
Bordo prismatico in rilievo sulla linea mediana del sedile per adattarsi alla piega mediana glutea.

SPECCHIO PORTAMIRA per facilitare e controllare la posa esatta del soggetto nella fotografia di profilo.

NORME PER LA FOTOGRAFIA SEGNALETICA.

NUMERO D'ORDINE.
{ In alto della costa della spalliera della sedia di posa a destra applicare un numero d'ordine, che sarà riprodotto sulla negativa.

PARTI DA FOTOGRAFARSI.
{ Faccia.
Collo.
Spalle.
Parte superiore del busto.

SFONDO DELLA FOTOGRAFIA.
{ Superficie piana (telaio o paravento) di tinta uniforme, tendente più allo scuro che al chiaro, per far maggior rilievo alle linee del profilo.

TENUTA DEL SOGGETTO.
{ Nella sua tenuta abituale, a capo scoperto, facendogli togliere dal collo grosse cravatte, fazzoletti o baveri, che potrebbero occultare dei connotati, e facendogli scoprire la fronte e le orecchie dai capelli.

NORME PER LA FOTOGRAFIA SEGNALETICA. (*Segue*).

Posa	*Posizione in cui dev' essere fotografato il soggetto.*	1° Completamente di fronte. (Le spalle devono essere entrambe alla stessa altezza, la testa non inclinata da alcuna parte e fissata verticalmente al poggiatesta). 2° Completamente di profilo. (Nello specchio portamira situato di centro al soggetto nella posa di profilo la sua immagine deve apparire completamente di fronte).
	Atteggiamento fisionomico del soggetto durante la posa.	Deve essere in istato di calma (trattarlo quindi con dolcezza e distrarlo abilmente quando fosse acciglliato). Impedire per quanto possibile siano artificiosamente alterati i connotati con volontarie contrazioni muscolari.
	DIREZIONE DELLO SGUARDO DEL SOGGETTO.	Nella posa di fronte orizzontalmente diritto dinanzi a sè (far fissare l'obiettivo). Nella posa di profilo orizzontalmente diritto dinanzi a sè (far fissare lo specchio portamira).
	MESSA A FUOCO E PUNTO DI MIRA.	*Fotografia di fronte.* Angolo esterno dell'occhio sinistro. *Fotografia di profilo.* Angolo esterno dell'occhio destro, l'orecchio dovrà in tal modo apparire nitido e chiaro in tutti i particolari.
	RIDUZIONE. . . .	Costantemente $\frac{1}{7}$ della grandezza naturale. — (Metodo per controllarla: un'assicella di 28 centimetri tenuta appoggiata al viso del soggetto deve dare sul vetro pulito dell'apparecchio un'immagine lunga 4 centimetri coll'approssimazione di un millimetro in più o in meno).
	LUCE, CONDIZIONI PER L'UNIFORMITÀ.	Locale con aperture esposte a settentrione. Fotografare nelle ore antimeridiane. Per la fotografia di fronte. La luce deve venire principalmente da sinistra, in modo che la parte destra rimanga in un'ombra relativa. Per la fotografia di profilo. La luce deve cadere perpendicolarmente ed ugualmente diffusa su tutta la figura.
	DURATA DELLA POSA.	Perfettamente identica nella fotografia di fronte ed in quella di profilo.
Formato	LASTRE SENSIBILI.	Usare lastre 9 × 13 ottenute tagliando per metà le lastre 13 × 18 del commercio. Riservare uno spazio 7 × 9 per la fotografia di fronte ed uno di 6 × 9 per quella di profilo.
	CARTA SENSIBILE.	Usare carta 9 × 13. — Dopo completate ritagliarle in modo che al disopra dei capelli rimanga un. orlo di mezzo centimetro; si raffileranno in seguito la base ed i lati, in modo da raggiungere l'altezza di millimetri 72 e la larghezza di millimetri 50 per la fotografia di profilo, e 66 per quella di fronte.

NORME PER LA FOTOGRAFIA SEGNALETICA (*Segue*).

Astensione assoluta dal ritocco, meno nel caso di punteggiature o fori nella gelatina della lastra che nella fotografia potrebbero riprodursi come contrassegni particolari.

Uso in via ordinaria di carta albuminata.

Astensione da ogni genere di cilindratura.

Collaggio. — Applicare sempre la fotografia di profilo a destra di quella di fronte, e cioè alla sinistra in rapporto all'osservatore.

Norma generale. — Ogni negativa ed ogni fotografia in cui tutti i particolari dell'orecchio non riuscissero evidenti dovrà essere rigettata.

La fotografia segnaletica nella Scuola di Polizia di Roma.

APPARECCHIO FOTOGRAFICO « LE GEMELLE » ELLERO.

Ideate allo scopo di trarre le due immagini di fronte e di profilo in una sola posa; formate da due camere oscure a pareti rigide, unite da un sistema di giunti cardanici, coi due otturatori comunicanti con un'unica pera. La sedia è simile a quella usata dal Bertillon, ma senza il poggiatesta.

La correttezza della posizione del soggetto è controllata sul vetro smerigliato della camera che ritrae l'immagine di fronte, mediante due linee disposte a croce volta in basso (⊥). Quella verticale coinciderà con la linea mediana del viso, quella orizzontale con la linea degli occhi.

Il formato delle due camere, esternamente uguale, è capace di una lastra 6 × 9 per l'immagine di profilo e 7 × 9 per quella di fronte. La fotografia segnaletica risulta quindi del formato 9 × 13, come quella del Bertillon.

La camera del profilo porta uno schermo di carta bianca, che si proietta sull'immagine mascherandola in bianco orizzontalmente, in corrispondenza del busto. Ivi vengono fotografate le generalità del pregiudicato, scritte su di una lista di celluloide che viene addossata al preparato sensibile prima dell'esposizione.

La tecnica, l'illuminazione, ecc., seguono i criteri generali stabiliti dal Bertillon.

INFLUENZA DELLA TECNICA FOTOGRAFICA
SUI CONNOTATI (Gasti, Ellero).

LUCE DIRETTA IN PIENA FACCIA.
Schiaccia le prominenze del viso, elimina le rughe, deprime gli zigomi, infossa le orbite, allarga il naso e assottiglia le labbra.
Il soggetto appare ingrassato e arrotondito, con caratteri del tipo mongoloide.

LUCE DALL'ALTO IN PIENA FACCIA.
Eccessivo contrasto fra sporgenze e depressioni, specie nel segmento inferiore. La fronte si appiattisce e si allarga. Le arcate orbitarie si fanno più sporgenti. Le guance tendono ad infossare. Il naso sembra depresso. Si appiattisce il solco fra il labbro inferiore ed il mento. La rima boccale accenna ad una concavità volta in basso.

INFLUENZA DELLA TECNICA FOTOGRAFICA

SUI CONNOTATI (GASTI, ELLERO) (*Segue*).

LUCE DAL BASSO IN PIENA FACCIA.	Si verificano contrasti e alterazioni opposte alle precedenti con notevole sporgenza degli zigomi, dei bulbi oculari e delle arcate sopracciliari.
LUCE DI PERFETTO FIANCO.	Schiaccia la parte in ombra determinando una forte asimmetria facciale. La mandibola appare più stretta e il mento appuntito.
ECCESSO DI ILLUMINAZIONE; SCARSA ESPOSIZIONE; ECCESSO O DIFETTO DI SVILUPPO E DI STAMPA.	Producono mancanza di rughe, di nèi, cicatrici, macchie, ecc.
ECCESSIVA VICINANZA FRA SOGGETTO E OBIETTIVO.	Esagera le sporgenze, come il naso, il mento, i baffi, e impicciolisce le orecchie. Il viso appare più lungo.
ALTEZZA E LATERALITÀ DELL'OBIETTIVO RISPETTO AL SOGGETTO.	Se troppo alto determina l'accorciamento del segmento superiore del viso; se troppo basso, quello del segmento inferiore. Se spostato lateralmente, determina asimmetrie facciali con sviluppo maggiore dalla parte dello spostamento.

Il segnalamento antropometrico (Bertillon)

OGGETTO	Misura di un certo numero di lunghezze ossee determinate.

SCOPI . . . .
- SEGNALAMENTO. — Le misure servono come connotati personali, stabili e variabilissimi da un individuo all'altro.
- CLASSIFICAZIONE ANTROPOMETRICA. — Le misure sono facilmente classificabili e servono quindi a distribuire a gruppi omogenei i diversi cartellini.

BASE DELLA CLASSIFICAZIONE.
Tripartizione uguale dei valori di ciascuna misura in tre gruppi: massimi, medî e minimi.
Classificazione dei cartellini individuali secondo le seguenti misure tripartite.

MISURE . . . . . .
1° La lunghezza della testa.
2° La larghezza della testa.
3° La lunghezza del dito medio sinistro.
4° La lunghezza dell'avambraccio sinistro.
5° La larghezza della faccia.
6° La lunghezza del piede sinistro.
7° La statura in posizione eretta.
8° La statura in posizione non eretta.
9° L'apertura delle braccia.
10° La lunghezza dell'orecchio destro.
11° La lunghezza del dito mignolo.
12° L'altezza del busto.

STRUMENTI PER LE MISURE ANTROPOMETRICHE.
Craniometro.
Grosso compasso di spessore a « coulisse » per l'avambraccio e il piede; piccolo compasso a « coulisse » per il dito e l'orecchio.
Asta millimetrica per la statura.
Tela millimetrica per l'ampiezza delle braccia.
Sgabello per poggiare il piede.
Piccolo tavolo rettangolare per poggiare l'avambraccio.
Tavoletta da appoggiare sulla testa per segnare la statura.

MISURAZIONE.

LUNGHEZZA DELLA TESTA.
Distanza in linea retta verticale dalla radice del naso al punto più sporgente dell'occipite, misurata col craniometro, disponendosi di fianco al soggetto.

LARGHEZZA DELLA TESTA.
Distanza in linea retta dei due punti più sporgenti delle pareti laterali del cranio, misurata col craniometro fatto scorrere in un piano orizzontale dall'avanti all'indietro a zigzag lungo le pareti craniche.

LUNGHEZZA DEL DITO MEDIO SINISTRO.
Distanza tra l'estremità del dito e la superficie dorsale dell'articolazione metacarpea, essendo il dito piegato ad angolo retto.
Misurato col grosso compasso di spessore.

MISURAZIONE (Segue).

LUNGHEZZA DELL'A- VAMBRACCIO SINI- STRO.

Distanza tra l'olecrano (l'estremità sporgente del gomito) e l'estremità del dito medio. Misurata col grosso compasso di spessore, essendo l'avambraccio steso su un tavolo e il braccio lievemente flesso sul medesimo.

LARGHEZZA DELLA FACCIA O DIAME- TRO BIZIGOMATI- CO.

Distanza fra i due punti più sporgenti delle arcate zigomatiche nello stesso piano orizzontale. Misurata col craniometro disposto orizzontalmente, essendo l'osservatore seduto avanti al soggetto.

LUNGHEZZA DEL PIEDE SINISTRO.

Distanza dell'estremità delle dita dal punto più sporgente del calcagno. Si applica il compasso al lato interno del piede essendo l'asta parallela al- l'asse del piede, e il soggetto poggiando il piede sul suolo, sollevando l'arto destro in modo che tutto il peso del corpo graviti sul piede sinistro.

STATURA. . . . . . .

In posizione eretta. I calcagni riuniti che toccano il muro, i piedi rivolti in fuori, le spalle allo stesso livello, le braccia pendenti lungo il corpo. La testa tocca coll'occipite il piano sul quale il corpo è appoggiato, la man- dibola è in piano orizzontale.
Una tavoletta movibile è applicata in piano orizzontale sulla testa per se- gnare sul piano l'altezza del corpo.
In posizione rilassata. Si misura la statura lasciando il corpo in posizione naturale.

APERTURA DELLE BRACCIA.

Distanza fra il dito più lungo di una mano e il dito più lungo dell'altra, es- sendo gli arti superiori in posizione orizzontale e nella massima estensione. Il corpo poggia su una tela millimetrata il cui zero deve corrispondere all'estremità del dito di una mano.

LUNGHEZZA DELL'O- RECCHIO DESTRO.

Distanza fra i due estremi del padiglione, estremo superiore dell'elice ed estremo inferiore del lobo, in corrispondenza dei quali si applicano le branche del piccolo compasso, essendo l'asta parallela all'asse dell'orecchio.

LUNGHEZZA DEL DI- TO MIGNOLO.

Misura della distanza fra l'articolazione metacarpea e l'estremo del dito, ser- vendosi dello stesso compasso che serve per il dito medio.

ALTEZZA DEL BU- STO.

Distanza fra il vertice della testa e le natiche: misurata facendo sedere l'in- dividuo su uno sgabello alto 40 cm., a lato del quale e a livello del piano si applica una misura metrica alta m. 1.30; si osserva a che punto giunge il vertice.

LIMITE DELL'I- DENTIFICAZIO- NE ANTROPO- METRICA.

Limitata all'età dell'accrescimento completo da 20 in su.
Nella pratica è quasi esclusivamente limitata alla funzione dei gabinetti di identificazione.

UTILIZZAZIONE PER IL SEGNA- LAMENTO DE- SCRITTIVO.

La proporzione fra le misure delle diverse parti del corpo offrì occasione al Bertillon di formare una tabella sulle varie dimensioni delle parti del corpo sovraindicate, per mezzo delle quali si può conoscere se la misura di una parte del corpo è proporzionata o no alla statura.
L'aggiunta alla cifra di una misura (nel cartellino), di una parentesi o di una sottolineatura, indicherà se la misura è deficiente o eccessiva in rapporto alla statura, offrendo un connotato utilizzabile per la ricerca dell'individuo.

Il Tachi-antropometro Anfosso.

Esso consiste in una colonna verticale, cui si appoggia colle spalle l'individuo da esaminare, ed una sbarra orizzontale che, scorrendo verticalmente, viene a posarsi in corrispondenza delle sue spalle e serve contemporaneamente alla misurazione delle braccia e del dito medio. Lungo la colonna verticale scorre un apparecchio misuratore, dei due diametri del capo, cioè l'antero-posteriore ed il trasversale. A questo apparecchio sono uniti due regoli metallici portanti una listarella di piombo, che ben si adatta al contorno del cranio e della faccia, di modo che il profilo laterale e il profilo trasverso possono poi disegnarsi in un cartogramma. Il piano su cui poggia il soggetto è munito d'un regolo che serve a misurare la lunghezza de' due piedi.

Si hanno così rapidamente le misure principali del corpo e le forme disegnate delle curve cranico-facciali.

PARTE QUARTA

I.

Il segnalamento scientifico nella pratica.

Il segnalamento descrittivo accelerato.

IL SEGNALA-MENTO ACCE-LERATO. Consiste nella descrizione dei connotati personali e dei contrassegni particolari più spiccati o salienti, eliminando i connotati più comuni, più variabili e più soggetti ad errori di apprezzamento.

CONNOTATI PERSONALI E CONTRASSEGNI PARTICOLARI SALIENTI.

Proprietà . . . .
- *I più rimarchevoli per le esagerazioni delle dimensioni in eccesso o in difetto.*
- *I più spiccati per la forma.*
- *I più notevoli per la natura.*
- *I meno generalmente soggetti ad apprezzamenti erronei individuali.*
- *I meno mutabili per l'età e per artificiose trasformazioni.*
- *I più facilmente riconoscibili.*

Esempi . . . . . .
- *Statura e corporatura negli adulti* (più rilevabili per la natura).
- *Naso e orecchio* (meno mutabili per l'età e per artificiose trasformazioni).
- *Asimmetrie* (più rimarchevoli per la esagerazione delle dimensioni in eccesso o in difetto).
- *Alcuni caratteri cromatici* (meno soggetti ad apprezzamenti erronei individuali).
- *Alcuni contrassegni particolari* (più spiccati per la forma, per la natura e più facilmente riconoscibili).

CONNOTATI VARIABILI.

Causa . . . .
- Età.
- Cambiamento di acconciatura.
- Dimagramento, malattia.
- Trucchi.

Esempi . . . . . .
- *Statura.*
- *Pelle* . . . . { Finezza. Colorito. Rugosità (sopravvenienza di rughe). }
- *Adiposità.*
- *Appendici cutanee.* { Capelli. Baffi. Barba. }
- *Forma del contorno cranico facciale anteriore.*
- *Denti.*

CONNOTATI PIÙ SOGGETTI AD ERRORI DI APPREZZAMENTO
- *Caratteri di dimensioni non estreme.*
- *Caratteri cromatici intermedi.*
- *Caratteri di forma indeterminata.*

APPLICAZIONE DEL SEGNALAMENTO ACCELERATO.
- CARTELLINO IDENTIFICATORE (V. appresso).
- CIRCOLARI PEI CATTURANDI.
- PRATICHE ORDINARIE NEGLI UFFICI DI POLIZIA.
- TRASMISSIONE TELEGRAFICA DEI CONNOTATI E CONTRASSEGNI.

Utilizzazione del segnalamento empirico nella pratica.

ORIGINE . . . . . . { Connotati e contrassegni particolari raccolti empiricamente da funzionari e da estranei.

NORME . . . . { Scelta e riduzione in linguaggio scientifico dei connotati e contrassegni efficaci al riconoscimento.
Eliminazione dei connotati troppo soggetti agli errori di apprezzamento.
Eliminazione dei connotati più comuni incerti e indefiniti. (Esempi: Forma della faccia, della bocca, delle labbra, del mento, ecc.).

Il segnalamento scientifico

nella « Cartella biografica dei pregiudicati » (OTTOLENGHI)

(Art. 93 Regolamento di P. S. - Istruzioni Ministeriali 10 gennaio 1903).

FUNZIONI DEL- { Istituita nell'amministrazione della P. S. italiana per riassumere tutti i precedenti, le imputazioni e le condanne dei pregiudicati; modificata nel 1903 dal Comm. Zaiotti, Questore di Napoli, ora Vicedirettore generale della P. S., allo scopo che rappresentasse al vivo la personalità e la vita criminosa del pregiudicato.
LA CARTELLA
BIOGRAFICA.

IL SEGNALAMENTO DESCRITTIVO (V. appresso, Cartella biografica).

IL SEGNALAMENTO PSICOLOGICO E BIOGRAFICO DEI PREGIUDICATI (V. appresso, Supplemento alla Cartella biografica).

Cartella biografica dei pregiudicati e Supplemento.

(Data della compilazione della cartella . . . .)

CARTELLA BIOGRAFICA DEI PREGIUDICATI

(Art. 93 del Regolamento di P. S.)

GENERALITÀ DELL'INSCRITTO

COGNOME e soprannome	NOME	PATERNITÀ	Cognome e nome della madre	DATA DI NASCITA			Comune di origine o di domicilio	Professione o mestiere	Indicare se celibe, ammogliato o vedovo, segnando il nome e cognome della moglie, nonchè il nome e l'età dei figli
				anno	mese	giorno			

ABITAZIONE

Variazioni successive . . { Via . . . . N° . . . . piano . . . . interno . . . .
Via . . . . N° . . . . piano . . . . interno . . . .
Via . . . . N° . . . . piano . . . . interno . . . .

Variazioni successive . . { Via . . . . N° . . . . piano . . . . interno . . . .
Via . . . . N° . . . . piano . . . . interno . . . .
Via . . . . N° . . . . piano . . . . interno . . . .

ANNOTAZIONI SPECIALI

Trasferito il domicilio nel Comune di . . . . . . il . . . . . . rimpatriato il . . . . . .   Arrolato al servizio militare il . . . . rimpatriato il . . . . . .
Id   id.   di . . . . il . . . . . . id.   il . . . . . .   Richiamato al servizio militare il . . . . id.   il . . . .
Id.   id.   di . . . . il . . . . . . id.   il . . . . . .   Scomparso per ignota destinazione il . . . . id.   il . . . .
Emigrato il . . . . per lo Stato di . . . . . . il . . . . . . id.   il . . . . . .   Morto il . . . . nel Comune di . . . .
Grado di istruzione (sa leggere o scrivere . . . .)   Studi fatti . . . .   Mezzi di sostentamento . . . .

FOTOGRAFIA (di fronte e di profilo).

CONNOTATI PERSONALI

1 Statura M.
2 Corporatura
3 Cute - colorito
4 Capelli . . . { linea di inserzione / foltezza - calvizie / forma / colore - canizie
5 Viso . . . { forma - dimensioni / parte provalente o dette.
6 Fronte . . . { larghezza / altezza / sporgenza
7 Sopra-ciglia . . { lunghezza / direzione / foltezza / forma
8 Occhi . . . { pal-pebre { apertura / rima palpebrale ; bulbi { sporgenza / grossezza ; irid. { porzione centrale: colore / porzione periferica: colore

9 Naso . . . { forma / dimensioni
10 Orecchio destro . . { padiglione { forma / dimensioni / distacco ; elice { dimensione / estensione ; an-titrago { direzione / profilo ; lobolo { forma / dimensione / direzione / inserzione alla guancia
11 Baffi . . . { lunghezza / foltezza / forma / colore
12 Bocca . . { forma / direzione / dimensione

13 Labbra . . { labbro super. { altezza / sporgenza / grossezza ; labbro infer. { sporgenza / grossezza
14 Mandibola { grossezza / larghezza / altezza
15 Mento . . { sporgenza / altezza / forma
   Barba . . { foltezza / forma / colore
16 Rughe . . { frontali: { mediano / laterali ; intersopracciliari / oculari / naso-labiali / nelle guance / lobolo-orecchio
17 Collo . . { lunghezza / larghezza

18 Spalle . . { larghezza / direzione
19 Arti . . . { gambe - direzione / braccia / mano . . { forma / dimensioni / piede . . { forma / dimensioni / direzione
20 Andatura
21 Foggia di vestire
23 Successivi eventuali mutamenti dei connotati

(Spazio disponibile per qualche connotato la cui descrizione non avesse punto da completarsi nella rispettiva colonna).

CONTRASSEGNI PARTICOLARI

PARTI SCOPERTE   PARTI COPERTE

23 Cicatrici
24 Tatuaggi
25 Callosità ed altri caratteri professionali
26 Deformità o anomalie

Supplemento alla "Cartella biografica dei pregiudicati ,,

Caratteri psichici e notizie sulla vita dell'inscritto (da riempirsi quando per le diverse gravi imputazioni sofferte o per altre circostanze speciali l'inscritto sia da ritenersi pericoloso).

Il funzionario, a mano a mano che verrà, per mezzo di osservazioni dirette o di constatazioni di fatto, a conoscere qualcuno dei caratteri seguenti, *sottolineerà* la qualità del carattere, o *riempirà il vuoto* lasciato nella cartella citando i fatti che riguardano la domanda.

CARATTERI PSICHICI.

Intelligenza e sue manifestazioni.
- deficiente, media, elevata...
- astuzia, dabbenaggine...
- eccitata, depressa, squilibrata, delirante...
- *lavori manuali:* ingegnosi, comuni, rozzi.
- *letture* .... } legge o no - quali libri preferisce... / quali giornali preferisce...
- *scritti* .... { *tipo calligrafico* ... } infantile, comune, accurato.... / caratteri convenzionali, segni speciali... / scrittura segreta...
- *attitudine a scrivere:* scarsa, ordinaria, spiccata...
- *coltura* (istruzione) . } deficiente, comune, discreta, elevata... / lingue conosciute... pubblicazioni, ecc...

Linguaggio ....
- ciarliero, laconico, taciturno...
- accurato, volgare, sconcio...
- *gergo* (lo conosce?)...

Portamento .... comune, dignitoso, vanitoso, depresso, timido...

Contegno .... rozzo, educato, raffinato - franco, sospetto, indifferente, insinuante...

Espressione della fisonomia. intelligente, indifferente, stupida - buona, indifferente, truce - attenta, indifferente, distratta - allegra, indifferente, triste, variante - tranquilla, indifferente, inquieta, irrequieta - franca, indifferente, sospetta, falsa - spavalda, indifferente, timida...

Temperamento ...... calmo, irrequieto - emozionabile, non emozionabile - uniforme, variabile, apatico, eccitabile, violento - equilibrato, squilibrato, pazzesco...

Carattere .... debole, suggestionabile, forte ostinato - costante, incostante - dolce, brusco - allegro, indifferente, triste - egoista, altruista - espansivo, rinchiuso - timido, fiero, spavaldo - socievole, misantropo - sincero, ipocrita, dissimulatore - scrupoloso, onesto, disonesto...

Contegno in famiglia. .
- *con i genitori...*
- *con la moglie* .... { convive, non convive - la tratta bene, la maltratta, la mantiene o la sfrutta - l'abbandonò, fu abbandonato... / convive con altra donna, non convive con altra...
- *con i figli* ...... } se ne cura, li trascura, li abbandona, li tratta bene, li maltratta, li / mantiene, li sfrutta...

Laboriosità ....
- lavora assiduamente, poco, non lavora, disoccupato - cambia sovente professione...
- partecipa a scioperi: attivamente, passivamente...
- concetto in cui è tenuto dai padroni...

Contegno negli affari . . intraprendente, azzardato, senza iniziativa... / onesto, poco scrupoloso, disonesto (fallimenti)...

Sensualità ....
- accentuata, comune.
- aberrante..... , pederastia: attiva, passiva; passionale, professionale... / violenza, libidine...

Religiosità .... credente, miscredente... / non segue le pratiche..., segue le pratiche, bigotto...

Dissipatezza, prodigalità - si, no...
Inclinazione al vagabondaggio - si, no...
Abitudini viziose (passioni) - ubriacone, giocatore, donnainolo, crapulone...
Sincerità - veritiero, bugiardo, simulatore...
Litigiosità - accattabrighe o no...
Prepotenza - si, no...
Impulsività, brutalità - si, no...
Contegno colle autorità - ossequente, arrogante, sprezzante, ribelle, sospetto...
Rapporti con individui sospetti...
Rapporti con altri pregiudicati...
Rapporti con camorristi, maffiosi, teppisti, barabba, bulli, ecc...
Rapporti con le prostitute...
Attitudine criminale prevalente...
Temibilità, incorreggibilità...
Sintomi di ravvedimento.

(Cont.) Supplemento alla " Cartella biografica dei pregiudicati ,,

CENNI BIOGRAFICI (*Notizie sulla vita*).

Famiglia (Eredità) . .	*genitori*: esistenza...	condizione economica...	moralità...	stato mentale...
	fratelli id.	id.	id.	id.
	sorelle id.	id.	id.	id.
	moglie id.	id.	id.	id.
	figli id.	id.	id.	id.

Infanzia e giovinezza.

- contegno in famiglia...
- contegno nei collegi ed istituti di beneficenza...
- contegno in case di correzione...
- attitudine dimostrata
  - allo studio...
  - al lavoro...
  - al vagabondaggio...
  - alla questua...
  - ai reati in genere...

Studi fatti, titoli conseguiti...

Vicende nel lavoro e negli affari...

Vicende economiche...

Vicende in famiglia...

Vita militare (condotta, grado raggiunto, diserzione, reati commessi, ecc.)...

Vita cittadina (partecipazione, sistema di vita, cariche, riputazione, ecc.)...

Relazioni maschili...

Relazioni femminili...

Trasferimenti : di abitazione e di domicilio...

Vicende all'estero (occupazioni, viaggi, relazioni, espulsioni, reati, ecc.)...

Vicende in carcere e a domicilio coatto.
(insubordinazioni, ribellioni, sobillazioni, influenza sui condetenuti, simulazioni, tentativi di suicidio, disturbi mentali, ecc.)...

Avvenimenti importanti cui prese parte...

Malattie fisiche e comuni...

Malattie nervose e mentali.
- *accessi epilettici* (irritabilità esagerata, violenza, brutalità, convulsioni, assenza di coscienza, ecc.)...
- *accessi isterici*...
- *idee di persecuzione, di grandezza, ecc.*
- *stati di esaltamento, stati di depressione, stati allucinatori*...
- *tentativi di suicidio*...

FIRMA

IMPRONTE DIGITALI

Basta far poggiare leggermente una dopo l'altra l'ultima falange del pollice, dell'indice, del medio e dell'anulare della *mano destra* su una pietra litografica, spalmata di inchiostro litografico, e appresso far applicare le dita, premendo leggermente, su un pezzo di carta delle segnate dimensioni, che sarà applicato in questo spazio.

(pollice) (indice) (medio) (anulare)

Il servizio di segnalamento presso la Scuola d

1. **Segnalamento dactiloscopico** (metodo G. Gasti)
3. **Segnalamento descrittivo saliente** (Bertillon-Ottolenghi)

Classificazione dei cartellini

IL CARTELLINO IDENTIFICATORE (RECTO).

N. .... **(MINISTERO DELL'INTERNO – DIREZIONE GENERALE DI P. S.)**
Scuola di Polizia Scientifica - Servizio di Segnalamento

Cognome .... *Nome* ....
Paternità .... *Madre* ....
Soprannome .... *Falsi nomi* ....
Nato il .... *a* .... *Domicilio a* ....
Istruzione .... *Professione* ....
Pregiudizi ....
....
....

Connotati cromatici

Iride { *N. della Classe* .... *Aureola* .... | Cute { *Pigmento* .... *Capelli* .... *Baffi* ....
{ .... *Periferia* .... | { *Sangue* .... *Sopracciglia* .... *Barba* ....

Fotografia di profilo	Fotografia di fronte

Riduzione fotografica 1/7

(Data della fotografia)

Roma il .... *190* ....
Annotazioni sulla fotografia

Impronte della mano sinistra

Pollice	Indice	Medio	Anulare	Mignolo

olizia di Roma e nelle principali Questure del Regno.

2. **Segnalamento fotografico** (Bertillon-Ellero).
4. **Segnalamento antropometrico** (Bertillon, per rapporti internazionali).
ctiloscopica e alfabetica).

IL CARTELLINO IDENTIFICATORE (VERSO)

Connotati salienti	Contrassegni particolari salienti
Statura .... *Corp.*	*Cicatrici* ....
Adiposità .... *Cute*	....
Testa .... *Capelli*	....
Viso	....
Fronte	....
Tempia	....
Sopracciglia	*Tatuaggi* ....
Spazio intersopracciliare	....
Occhi	....
Naso	*Caratteri professionali* ....
Zigomi	....
Arcate zigomatiche	*Anomalie* ....
Orecchie	....
Guance	*Malattie fisiche e mentali* ....
Labbro superiore	
Labbro inferiore	*Contegno* ....
Bocca	
Baffi .... *Barba*	

Misure antropometriche (per i soli confronti internaz.)

Statura m. 1, ... *Busta* m. 0, ...
Curvatura .... ⅓ ½ *lunghezza*
Apert. braccia m. 1, ... ⅓ ½ *larghezza*
D. bizig. .... *Media s.* ....
Orecchio d. .... *Mignolo s.* ....
Piede s. .... *Avambraccio s.* ....

Mandibola .... *Mento*	
Collo .... *Spalle*	
Estrem. Sup. d. .... s.	
Estremità Inf. d. .... s.	
Torace .... *Addome* .... *Dorso*	
Annotazioni	

(Firma)

Impronte della mano destra

Pollice	Indice	Medio	Anulare	Mignolo

Il segnalamento scientifico

nel « Registro de' contrassegni particolari dei pregiudicati » (ZAIOTTI)

(Istruzioni Ministeriali 1° giugno 1903).

SCOPO	Istituito per rendere più facile la ricerca dei pregiudicati presentanti contrassegni particolari.
CLASSIFICAZIO- NE SECONDO I CONTRASSE- GNI.	Cicatrici. Tatuaggi. Callosità e altri caratteri professionali. Deformità e anomalie.
USO	Il registro è diviso in tante sezioni quante sono le voci dei contrassegni. — Ogni sezione porta i nomi dei pregiudicati divisi in ordine alfabetico.

Il segnalamento scientifico

e gli Albums fotografici tascabili di Bertillon.

CLASSIFICAZIONE DELLE FOTOGRAFIE.

Base	Fotografie classificate secondo alcuni connotati in molteplici gruppi, in un unico album tascabile, affidato agli agenti per la ricerca.
Parti	L'album è diviso in *tre parti* secondo il *profilo del naso*. ⎰ Naso concavo. Naso rettilineo. Naso convesso.
Gruppi	Ogni parte è divisa in 7 *gruppi* secondo sette speciali connotati della metà inferiore dell'orecchio.

Gruppi:

1° Lobo a contorno discendente o a squadra (abbreviazione: **D e q**).
2° Antitrago a profilo cavo o rettilineo (abbreviazione: **Car**).
3° Antelice convesso (abbreviazione: **Vex**).
4° Lobo a superficie esterna concava, traversata cioè dalla continuazione della fossetta navicolare (incavatura del padiglione tra elice e antelice) (abbreviazione : **Tra**).
5° Lobo aderente non separato da un forte solco della guancia (abbreviazione : **Sep**).
6° Antitrago a profilo sporgente (abbreviazione : **S a**).
7° Assenza di ognuno di questi caratteri (abbreviazione: **X**).

CLASSIFICAZIONE DELLA FOTOGRAFIA (*Segue*).

Sottogruppi	I primi cinque gruppi sono divisi in *4 sottogruppi* secondo la forma del 2° connotato dell'*orecchio* scelto fra i sette sovraindicati.	1° - 2° e 3° (**Car - Vex**). 2° - 4° e 5° (**Tra - Sep**). 3° - 6° e 7° (**Sa - X**). 4° - 7° (**X**).
Divisioni	Ogni sottogruppo è diviso in *3 divisioni* secondo la *statura*.	1° Statura massima. 2° Statura media. 3° Statura minima.
Suddivisioni	Ogni divisione è divisa in *2 suddivisioni* secondo il colore dell'*iride* (la suddivisione corrisponde ad una pagina dell'album).	1° Iride impigmentata o giallo-arancio chiaro. 2° Iride pigmentata, arancio medio, castagno, marrone.
Sezione	Ogni suddivisione è divisa in *3 sezioni* secondo l'*età*.	1° Nati prima del 1866. 2° Nati tra il 1866 e il 1895. 3° Nati dopo il 1895.
Sottosezioni	Ogni sottosezione è divisa in *3 sottosezioni* secondo la *lunghezza delle orecchie*.	1° Orecchie lunghe. 2° Orecchie medie. 3° Orecchie corte.

COMPILAZIONE DELL'ALBUM.

L'album ha forma oblunga, contiene circa 2000 fotografie.

La ripartizione delle fotografie in parti, gruppi, sottogruppi e divisioni è fatta per mezzo di tagli (uso rubriche alfabetiche) nei bordi superiori laterali e inferiori di ogni facciata dell'album.

Ogni divisione (statura) corrisponde a due facciate « vis-à-vis », ognuna delle quali corrisponde a una delle due suddivisioni (colore dell'iride).

Ogni facciata comprende tre sezioni (età) e tre sottosezioni (lunghezza delle orecchie).

INDICAZIONI NELLA FOTOGRAFIA.

Le fotografie della dimensione di $\frac{1}{10}$ sono di profilo e di faccia e portano abbreviate le seguenti indicazioni:

In alto e a sinistra la data di nascita, l'età al momento della fotografia, il numero trascorso di anni da questa fotografia al 1903;

In alto e nel mezzo la statura, il colore dell'aureola e della periferia dell'iride sinistra;

In alto e a destra, il colore dei capelli;

In basso e a destra il colore della barba;

In basso e nel mezzo la forma del dorso del naso;

In basso e a sinistra i due connotati speciali dell'orecchio scelto dalla classificazione precedente;

A sinistra verso la metà la lunghezza dell'orecchio destro.

Un rettangolo bianco al disotto di ogni fotografia contiene:

A sinistra il numero d'ordine che riporta alla lista alfabetica che trovasi al fine del volume e altre indicazioni riferentisi ai provvedimenti penali;

A destra l'indicazione abbreviata di tre contrassegni particolari scelti tra quelli della faccia o delle mani.

PARTE QUARTA

II.

Le ricerche e i riconoscimenti dei rei.

Gli interrogatorî e le testimonianze.

Condizioni e circostanze influenzanti sui riconoscimenti.

PROCESSO FISIO-PSICOLOGICO DEL RICONO-SCIMENTO.
- Visione.
- Percezione.
- Appercezione (Consapevolezza della sensazione subita).
- Memoria.
- Giudizio di confronto della immagine antica con quella presente.

CIRCOSTANZE DIPENDENTI DALL'OSSER-VATORE.

Capacità di osservare.
- VISTA ......
  - Facoltà visiva.
  - Campo visivo.
  - Condizioni di rifrazione. — Miopia. / Ipermetropia.
- ATTITUDINI PSICHICHE.
  - Sviluppo mentale.
  - Memoria.
- CONOSCENZA DELLA IMMAGINE DA OSSERVARE.

Condizioni nel momento in cui deve aver visto una data persona.
- CHE FACEVA?..
  - Osservava nella direzione della persona vista?
  - Stava attento?
  - Era occupato?
  - Conversava?
  - Era in condizioni mentali normali?
- IN CHE POSIZIONE PUÒ AVER VEDUTO?
  - Visione diretta.
  - Visione indiretta (lascia immagine meno netta).
- DURATA DELL'OSSERVAZIONE.
- CIRCOSTANZE SPECIALI.
  - Distrazione
  - Attenzione aspettante.
  - Emozione.
  - Passione.
  - Suggestione.
  - Stato morboso momentaneo.
  - Attitudini speciali.

Condizioni nel momento del riconoscimento.
- Memoria.
- Attenzione.
- Spontaneità o no dell'osservazione.
- Interesse.
- Influenza delle circostanze speciali sovranotate.

CIRCOSTANZE DIPENDENTI DALL'IMMAGINE VISTA.
- Distanza.
- Luce.
- Colore.
- Particolari provocanti più o meno l'attenzione.

PROVE DELLA CAPACITÀ DI RICONOSCERE.
- Essere in condizione di descrivere i principali connotati della persona vista.

OGGETTI DI OSSERVAZIONE DEL RICONO-SCIMENTO.
- Espressione fisionomica (fallace).
- I connotati e i contrassegni particolari con metodo scientifico.

Il riconoscimento di individuo presente da parte di un teste.

VARIETÀ		Riconoscimento spontaneo (massimo valore). Riconoscimento provocato dal funzionario (valore relativo).
CONDIZIONE DI VALIDITÀ DEL RICONOSCI- MENTO SPON- TANEO.		Valutazione delle circostanze retroricordate. Analisi delle fonti del riconoscimento (V. Valutazione del riconoscimento empirico a pag. 161).
IL RICONOSCI- MENTO PROVO- CATO.	Empirico	Presentazione dell'identificante in mezzo ad altre persone estranee. Incertezza di tale sistema. Errori influenzati dai connotati delle persone scelte e dalle condizioni psicologiche dei testi.
	Scientifico. . . .	Interrogatorio del teste per rilevare i connotati e i contrassegni particolari che ricorda. { Tener calcolo delle circostanze sovra indicate. Cercar di rievocare i ricordi riportando il teste nel momento in cui vide il soggetto. Evitare ogni suggestione.
		Presentazione del soggetto. { Solo. Con uno o due individui che gli assomigliano.
		Spiegazione e analisi dei motivi di riconoscimento.

Il riconoscimento da parte del funzionario.

L'INDIVIDUO È IN ARRESTO.	È noto al funzionario, ma non fu segnalato.	Rilievo dei connotati salienti più importanti e di qualche contrassegno dal ricordo che ne serba il funzionario, o dal segnalamento scientifico già fatto, o dalle asserzioni dei testi.
	Ignoto al funzionario, ma fu già segnalato da altri, o visto da testi.	Verifica dell'esistenza di alcuni di questi connotati nell'individuo arrestato, tenendo conto del tempo trascorso. In caso positivo, proseguimento del confronto del resto dei connotati e dei contrassegni.
L'INDIVIDUO È A PIEDE LIBERO.	È noto al funzionario, ma non fu segnalato.	Rilievo dei connotati salienti più importanti e di qualche contrassegno dal ricordo che ne serba il funzionario o dal segnalamento già fatto o dalle indicazioni dei testi.
	Ignoto al funzionario, ma fu già segnalato da altri, o visto da testi.	Ricerca di questi connotati, o in caso positivo ricerca degli altri connotati e contrassegni.

Ricerca e riconoscimento colla fotografia (BERTILLON).

GENERALITÀ.

VALORE COMPARATIVO DELLA FOTOGRAFIA DI FRONTE E DI PROFILO.	**Fotografia di fronte.**	Da tenersi in considerazione per la molteplicità dei connotati. Nei casi dubbi offre però pochi criterî sicuri per la influenza della espressione.
	Fotografia di profilo.	Più importante di quella di fronte pel valore dei connotati dell'orecchio e del naso e per essere meno soggetta alla influenza dell'espressione fisionomica.

CAUSE DI DISSOMIGLIANZA FRA PIÙ FOTOGRAFIE DELLO STESSO INDIVIDUO.	**Cause oggettive** (dipendenti dalla tecnica fotografica).		Diversità di formato e di riduzione. Diversità della messa a fuoco e del punto di mira. Diversità di illuminazione. Luce eccessiva in direzione anormale. Diversità nella posa. Esecuzione del ritocco. Anomalie nel processo di sviluppo. Alterazioni (incisure o picchiettature) della lastra o della carta sensibile. Influenza della tecnica fotografica sui connotati (Vedi a pag. 140).
	Cause soggettive (dipendenti dall'individuo fotografato).	MOMENTANEE (durante la posa).	Diversità di atteggiamento e di espressione fisionomica (stato emotivo). Inclinazione anormale, anteriore, posteriore, laterale del capo. Alterazione artificiosa dei connotati del viso mediante contrazioni muscolari, smorfie, ecc. Occultamento dei connotati della fronte e dell'orecchio coll'acconciatura dei capelli. Occultamento di altri connotati con indumenti (cappello, cravattone, ecc.).
		NON MOMENTANEE (permanenti o di durata più o meno lunga).	Età. Malattie. Traumi. Dimagrimento. Barba, calvizie, canizie, ecc.). Nuovi contrassegni particolari (cause traumatiche e patologiche). Alterazioni passeggiere della cute (pustole, pappole, croste, ecc.).

CAUSA DI SOMIGLIANZA DI DUE FOTOGRAFIE DI DIVERSI INDIVIDUI.	Uniformità di formato, ecc. Somiglianza dei due individui. Mancanza di connotati molto marcati. Espressione fisionomica simile.

CONFRONTO DI DUE FOTOGRAFIE.

CONFRONTO DI DUE FOTOGRA-FIE *DISSOMI-GLIANTI* (per chiarire il dubbio di *identità*), O *RAS-SOMIGLIANTI* (per chiarire il dub-bio di *non identità*).

Le fotografie sono eseguite colla identica tecnica foto-grafica e nelle stesse condi-zioni.

Non fare affidamento sulla impressione sintetica.

Rilievo e confronto dei connotati scientifici fra loro, specie dei caratteri di forma, rilevabili dalla fotografia di profilo.

Uso della lente.

Misure comparative col compasso.

Confronto dei contrassegni particolari.

Valore preponderante dei caratteri meno soggetti a mutamenti momentanei o permanenti ed in primo luogo di quelli dell'orecchio.

Apprezzamenti delle alterazioni o cause d'errore che possono derivare dalla diversa tecnica fotografica.

Comparazione del numero e del valore dei caratteri di somiglianza e di dissomiglianza.

Prudente riserbo nel giudizio, specie se affermativo (minor danno del giudizio negativo inesatto che del responso affermativo erroneo); evitare giudizi categorici, tranne che nella sicurezza assoluta.

Le fotografie sono eseguite con metodo diverso e in differenti con-dizioni.

Limitare l'esame ed il confronto alle parti che si presenteranno in entrambe le fotografie ad un sicuro rilievo dei connotati scientifici.

Valutazione delle diverse cause di errore che possono derivare dalla diversa tecnica fotografica.

Per il confronto delle dimensioni in fotografie aventi una riduzione diversa, stabilire un esatto rapporto di proporzione fra le due fotografie.

Misura delle proporzioni delle diverse parti del viso e confronto nelle due fotografie.

RICERCA E RICONOSCIMENTO DALLA FOTOGRAFIA DI INDIVIDUO PRESENTE O NOTO.

CONFRONTO DI UN INDIVIDUO PRESENTE CON UNA FOTOGRA-FIA CHE SI PRE-SUME SUA.

Rilievo e descrizione di alcuno dei connotati e dei contrassegni particolari del reo più importanti e meno soggetti a mutamenti.

Ricerca di detti caratteri nella fotografia sospetta.

Esame comparativo mettendo il detenuto in posizione analoga a quella della fotografia.

Osservazione della mimica e dell'atteggiamento del reo quando si esamina la fotografia che si sospetta sia la sua.

Contegno del reo quando mostrandogli la fotografia sospettata si afferma recisamente che è la sua (V. Mimica a pag. 76).

RICERCA E RICO-NOSCIMENTO FRA UN GRUP-PO DI FOTO-GRAFIE DI QUELLA DI UN INDIVIDUO PRESENTE.

Scegliere due o tre fra i connotati e contrassegni più saglienti dell'individuo presente.

Ricercare questi connotati fra le fotografie in esame, separare il gruppo di fotografie che presentano tali connotati.

Esaminare sul piccolo gruppo selezionato quale fotografia presenta gli altri connotati e contrassegni.

Contegno del reo quando gli si presenta la fotografia.

RICERCA E RICONOSCIMENTO DALLA FOTOGRAFIA
DI INDIVIDUO PRESENTE O NOTO (*Segue*).

RICERCA E RICO-
NOSCIMENTO
FRA UN GRUP-
PO DI FOTO-
GRAFIE DI
QUELLA DI UN
INDIVIDUO DI
CUI SI SONO RI-
CEVUTI I CON-
NOTATI.

Scegliere due o tre fra i connotati e contrassegni particolari più salienti che vennero segnalati.
Esaminare le fotografie fra cui devesi fare la ricerca, mettendo in un gruppo o tenendo nota di tutte quelle che hanno i detti connotati salienti.
Riscontrare se e in quale fotografia del piccolo gruppo selezionato colla prima cernita si trovino gli altri connotati segnalati.
Non tener conto dell'impressione sintetica.

RICONOSCIMEN-
TO DI UNA FO-
TOGRAFIA DI
UN INDIVIDUO
VISTO ALTRA
VOLTA DAL
FUNZIONARIO.

Essere in condizione di ricordare bene esattamente i principali connotati salienti.
Ricerca di questi connotati sulla fotografia presentata, confronto con quelli della fotografia.
Evitare ogni ricordo di impressione sintetica.

RICONOSCIMEN-
TO DI FOTOGRA-
FIE DA PARTE
DI TESTI.

La fotografia deve possibilmente rappresentare il reo nella stessa posa in cui fu visto dal teste e mettere in evidenza quelle parti che possono essere state maggiormente fissate dal teste (espressione fisionomica, tipo, statura, corporatura, vestiario, ecc.).
Per il riconoscimento mescolare la fotografia con altre, invitando il teste a ricercarla.
Non riuscendo in tal modo la ricerca, far dichiarare dal teste i connotati ch'egli ricorda.
Apprezzare quelli che possono aver valore nel confronto, non tener conto degli altri.
Esibire quindi direttamente la fotografia al teste, completando l'osservazione ch'egli ne farà colla esposizione dei connotati cromatici da cui egli può essere stato colpito e che dalla fotografia non si rilevano.
Valore molto relativo della dichiarazione del teste comunque essa sia; tenerne conto con gran prudenza.

RICERCA DI UN REO COLLA SUA FOTOGRAFIA.

PARTECIPAZIO-
NE DEL FUN-
ZIONARIO.

Rilievo dei connotati e contrassegni particolari più salienti della fotografia.
Ricordo preciso di questi connotati e contrassegni, in modo da essere. n grado di scriverli.
Scelta dei due connotati più spiccati e ricerca di essi in un gruppo di persone.
Comparazione degli altri connotati con quelli della persona in cui si riscontrano i primi.
Valutazione dei caratteri variabili.
Giudizio riservato.

ESIBIZIONE DI
FOTOGRAFIE
AD ESTRANEI.

Nella possibilità della scelta la fotografia deve rappresentare il reo nelle condizioni in cui è più probabile possa esser visto.
Richiamare l'attenzione in special modo sui connotati salienti e sui contrassegni particolari.
Evitare che l'estraneo tenga conto dei connotati variabili e facilmente occultabili e dell'impressione sintetica.
Controllo rigoroso dei rilievi di confronto fatti dall'estraneo.

Gli interrogatori, le testimonianze e le denunzie.

CIRCOSTANZE INFLUENZANTI SULLE DEPOSIZIONI.

CONDIZIONI INDIVIDUALI DELL'INTERROGATO, DEL TESTE, DEL DENUNZIANTE.

- **Età** (maggiore suggestionabilità dei bambini).
- **Sesso** (maggiore suggestionabilità della donna).
- **Sensi.**
  - Capacità visiva: diretta, indiretta.
  - Capacità uditiva, olfattiva, gustativa, ecc.
  - Capacità di apprezzare il tempo e le distanze.
  - Esercizio dei sensi.
- **Stato mentale.**
  - Permanente.
  - Temporaneo (durante l'oggetto della deposizione, per esempio: ubbriachezza, sonnolenza, ecc.).
- **Circostanze psicologiche speciali.**
  - Errori di percezione (illusioni, allucinazioni).
  - Errori di ideazione, di ragionamento.
  - Errori di memoria.
    - Amnesie (V. a pag. 84).
    - Lacune incoscienti colmate dall'immaginazione.
  - Stato d'animo (paura, emozione, timidità, affetti, passioni, vanità, interessamenti, traumi).
  - Suggestionabilità e autosuggestionabilità (V. a pag. 91).
  - Coltura, fantasia, immaginazione, ampollosità.
  - Moralità, attitudine alla menzogna, diffidenza (V. a pag. 9 i).
  - Attitudine all'osservazione.
  - Circostanze sovraricordate pei *riconoscimenti* (V. a pag. 161).

CONDIZIONI INDIVIDUALI DI CHI INTERROGA.

- Intelligenza, forza di volontà, emozionabilità, calma, prudenza, disinteresse, obiettivismo o subiettivismo (fallace), capacità di astrarre dal proprio modo di pensare, abitudine o attitudine di interrogare, conoscenza delle leggi psicologiche.

CIRCOSTANZE DIPENDENTI DALL'AMBIENTE.

- Folla o voce pubblica.
- Pressioni, parentele, aderenze sociali, politiche.
- Relazioni, influenze esteriori.

ORIGINE E SPECIE DI TESTIMONIANZA.

- Spontanea (massimo valore).
- Provocata con interrogatorio (minore).
- Mista.

OGGETTO DELLA TESTIMONIANZA.

- **Natura.**
  - Azione: la scena; relazioni di spazio (facilmente ricordate).
  - Particolarità su oggetti, sulle persone (ricordati molto male).
  - Apprezzamento di tempo, di colore, di dimensione (infidi).
- **Durata dell'osservazione.**
- **Tempo trascorso dall'osservazione.**

FORMA DELLA DOMANDA (V. a pag. 168).

CONDIZIONI DI ATTENDIBILITÀ DELLE DEPOSIZIONI.

- OGGETTO O ARGOMENTO SUL QUALE IL REO O IL TESTE NON ABBIANO INTERESSE A MENTIRE.
- CORRELAZIONE DELLE DEPOSIZIONI COI FATTI.
- CONCORDANZA CON ALTRE DEPOSIZIONI.
- ASSENZA DI CIRCOSTANZE SPECIALI INFLUENZANTI SFAVOREVOLMENTE.
- SPONTANEITÀ DELLE DEPOSIZIONI.

NORME PER GLI INTERROGATORII.

METODI DI INTERROGATORII.	**Indiretti**	METODO DESCRITTIVO.	*Cronologico storico.* Ricostruzione di fatti per ordine di tempo. (Applicabile specialmente quando si vogliono conoscere la vita di un individuo e i fatti visti)
			Psicologico. Indagine secondo le leggi psicologiche. (Applicabile specialmente quando si vogliono conoscere le diverse attitudini psichiche dell'interrogato).
		METODO GENETICO.	Si risale alla genesi delle idee ed alla origine degli atti individuali per seguire l'ordine logico causale degli avvenimenti e conoscere il movente ed il meccanismo degli atti compiuti e delle risposte date. Per esempio: Interrogasi un reo sul reato che può aver compiuto risalendo alle cause che possono averlo spinto e seguendo i successivi atti dell'individuo fino al reato. (Applicabile specialmente quando si vuole cercare il movente di un reato, di una deposizione).
		METODO DELLA DIAGNOSTICA COSTELLATORIA (reazione mentale associativa di Wertheimer e Klein).	Consiste nel discorrere coll'interrogato di oggetti che devono per associazione di idee provocare risposte riferentisi ad altri oggetti visti contemporaneamente, che egli nega di conoscere. (Applicabile nel caso di indagini molto minuziose).
	Diretto	Interrogazione recisa « ex abrupto » sull'oggetto che più interessa.	
ARGOMENTO DELL'INTERROGAZIONE.	**Fatti**	FATTI NOTI	Interrogare su fatti già noti simulandone l'ignoranza per: *a)* lasciar credere di conoscere i fatti sui quali si interroga. *b)* per provare la veridicità dell'interrogato.
		FATTI IGNOTI	Interrogare successivamente su fatti ignoti, non lasciando trasparire menomamente la loro ignoranza.
	Apprezzamenti	SPECIE	Spontanei (maggior valore). Provocati dall'interrogatorio.
		ORIGINE	Dati di fatto (maggior valore). Impressioni sensoriali esatte o erronee. Opinioni personali o altrui.
		VALORE	Sempre riservato. Sovente sospetto.

NORME PER GLI INTERROGATORII (*Segue*).

FORMA DELLA DOMANDA.

Indeterminata . ⎰ Senza indicazioni sull'oggetto o qualità che si vuol conoscere (massimo valore).

Determinata . . ⎰ Con indicazione dubitativa di scelta su ciò che si vuol
conoscere (minor valore).
Con indicazione netta, precisa di ciò che si vuol conoscere (espone ad errori).
Con insistenza, per forzare la memoria (massimi errori).

**MODO DI PROCE-
DERE.**

Sicurezza nella domanda, specie col *metodo diretto.*
Calma assoluta.
Indifferenza, specie col *metodo indiretto :*
a) per non lasciar trapelare il proprio convincimento.
b) per evitare suggestioni.
Esclusione di ogni suggestione.
Conoscenza dei caratteri psicologici dell'interrogato.
Utilizzazione dei caratteri psicologici dell'interrogato, specie dei suoi punti
deboli (vanità, idee di persecuzione, torti subiti, affetti, emotività, incoe-
renza, ecc.).
Favorire la memoria dell'interrogato.
1° Far ricordare i fatti più recenti e da questi risalire gradatamente
a quelli che si vogliono ricordare.
2° Riportare il soggetto al momento del fatto ricostruendo tutti i par-
ticolari.
Seguire attentamente i movimenti mimici dell'interrogato.
Controllo sistematico delle deposizioni.
Nell'interrogare sui fatti, insistere sui particolari anche non interessanti, per
scoprire contraddizioni.
Provocare risposte, deposizioni spontanee.
Lasciar sovente esporre dal teste senza suggerire nulla o interrompere.

PARTE QUARTA

III.

Le indagini nei sopraluogo - La ricerca del reo
L'ordinamento degli uffici di P. S.

Generalità sulle indagini nei sopraluogo.

SCOPO DELLE RI-CERCHE NEL SOPRALUOGO.	**Di che reato si tratta** (accertamento del reato). **Come avvenne il reato** (ricostruzione del reato). **Conoscenza della vittima.** **Ricerca delle impronte del reo.** { Fisiche. / Psichiche. }
GENERI DI RI-CERCHE.	**Ricerche o indagini dirette sul cadavere, nei corpi di reato, nelle impronte, ecc.** **Ricerche o indagini indirette.** { Informazioni. / Investigazioni. }

COMPITO DEL FUNZIONARIO DI P. S. E DEI MAGISTRATI.	**Fissazione del reato in tutti i particolari.**	ESAME ORDINATO DI TUTTE LE PARTI DEL SOPRALUOGO.	Parte essenziale, p. e.: cadavere e ambiente (pavimento, pareti, soffitto, ecc.).
		RILIEVO TOPOGRAFICO.	
		RILIEVI FOTOGRAFICI DELL'INSIEME E DELLE PARTI (V. appresso).	
		CONSERVAZIONE DELLE IMPRONTE.	
		RELAZIONI OBIETTIVE, PRECISE, COMPLETE, ORDINATE SENZA APPREZZAMENTI.	

Informazione.

Diagnosi: Risalire *con riserva* per indicazioni alla natura e alle circostanze del reato, alla indicazione del reo, facendo astrazione da ogni idea preconcetta e da *ogni suggerimento.*

Indagini dirette nel sopraluogo dei reati contro le persone.

SCOPI DELLE INDAGINI.

Identificazione del cadavere o del ferito.

Accertamento di morte.

Conoscenza dell'epoca della morte.

Conoscenza della causa della morte.	Numero delle lesioni. Genere di lesioni. Gravità delle lesioni. Quali lesioni recarono le morte. Lesioni fatte in vita o in morte. Ordine in cui le ferite furono inferte.

Omicidio, suicidio o accidente?

Simulazione di suicidio o di omicidio di natura diversa dalla vera.

SCOPI DELLE INDAGINI (*Segue*).

Notizie sulla vittima desumibili
- Dal tipo antropologico.
- Dai vestiti.
- Dalle cicatrici professionali, traumatiche o morbose.
- Eventualmente da impronte di pederastia passiva.

Notizie sul reo desumibili
- Dal genere di reato (specialità, intelligenza, forza, mancinismo, ecc.).
- Dalle impronte.

Circostanze riguardanti il fatto.
- Lotta . . . .
  - Posizione della vittima.
  - Posizione dell'assalitore.
- Partecipazione di più persone o di una sola.
- Numero degli assalitori.
- Movimenti fatti dal feritore e dalla vittima.
- Spostamenti del cadavere.
- Donde è entrato, per dove è uscito il reo.

Armi adoperate.

OGGETTO DELLE INDAGINI.

RILIEVI SUL CADAVERE.

- SEGNI DI MORTE.
- SEGNI DI PUTREFAZIONE (epoca della morte).
- SEGNI DI IDENTITÀ.
- POSIZIONE DEL CADAVERE.
  - Bocconi
  - Supino.
  - Sospeso . . . . . .
    - Completamente o incompletamente.
    - Punto fisso della sospensione.
- ATTEGGIAMENTO
  - Del corpo.
  - Delle mani.
- CONSERVAZIONE.
  - Intero.
  - Spezzettato.
- LESIONI . . . . .
  - Posizione.
  - Dimensioni.
  - Forma.
  - Direzione.
  - Numero.
  - Natura (giudizio riservatissimo).
- MACCHIE . . . . .
  - *Di sangue* . . . .
    - Colore.
    - Estensione.
    - Numero.
    - Posizione.
    - Direzione.
    - Forma.
    - Distribuzione.
  - *Di altre sostanze* (feci, orine, ecc.).
- IMPRONTE . . . .
  - Solchi.
  - Graffiature.
  - Escoriazioni.
  - Impronte di dita.

OGGETTO DELLE INDAGINI (*Segue*).

(Segue) RILIEVI SUL CA-DAVERE.	CORPI ESTRANEI.	Alla bocca	Bavaglio. Corpi estranei.
		Al collo	Lacci.
		Alle mani	Lacci. Frammenti di epidermide. Peli nelle unghie. Capelli fra le dita. Armi. Altri oggetti.
		Ai piedi	Lacci, corpi estranei.

RILIEVI SUGLI ABITI.
- IDENTITÀ.
- ADDOSSATI COMPLETAMENTE O INCOMPLETAMENTE.
- STATO . . . . . .
  - Strappi.
  - Lacerazioni da ferite (corrispondenza colle ferite del cadavere).
- MACCHIE . . . . .
  - Di sangue . . . .
    - Alla superficie esterna.
    - Alla superficie interna.
  - Di terra, di fango, ecc.
- CORPI ESTRANEI.

RILIEVI NELLE SCARPE.
- MACCHIE DI SANGUE SUL TOMAIO.
- MACCHIE DI SANGUE / TERRA, FILI DI ERBA, ecc. } Sulle suola.

RILIEVI NEL-L'AMBIENTE.
- MOBILIO . . . . .
  - Spostamento.
  - Rovesciamento.
  - Impronte di scasso.
  - Rotture.
- OGGETTI CIRCOSTANTI: Armi, bastoni (posizione) scritti, sostanze medicinali, veleni e altri oggetti.
- PARETI: Macchie.
- FINESTRE: Vetri rotti, vetri coperti di polvere, di carta, di creta, con impronte, ecc.
- PAVIMENTI: Macchie, impronte.

RILIEVO DELLE MACCHIE DI SANGUE.
- POSIZIONE: Pavimento, mobili, pareti, armi, scarpe.
- FORMA: A chiazze, a spruzzo, rotonda, raggiata, a punto ammirativo.
- CONTINUITÀ: Continuantesi a tratti, discontinue.
- ESTENSIONE.
- COLORE.
- STATO DI CONSERVAZIONE: Integre, calpestate, strusciate, strofinate, spazzate.

ORME O IMPRONTE (V. appresso).

Cenni sulla morte e sulle cause di morte
per le indagini nel sopraluogo dei reati contro le persone.

La morte

- **SEGNI INCERTI DI MORTE.**
  - Immobilità.
  - Rilassamento muscolare.
  - Pallore.

- **SEGNI CADAVERICI.**
  - **Rigidità cadaverica.**
    - *Si inizia* dopo 2 ore alla mandibola e alla nuca.
    - Può essere *improvvisa* subito dopo la morte (Rigidità catalettica).
    - *È completa* in condizioni ordinarie dopo 12 ore, anche prima.
    - *Dura* tre giorni.
    - *Localizzazione:* Mandibola, poi nuca, poi tronco e arti.
  - **Macchie ipostatiche.**
    - Nelle parti declive.
    - Dopo 3–6 ore dalla morte.
  - **Raffreddamento.**
    - Sensibile al tatto a temperatura media dopo circa 24 ore.
    - Raggiunge la temperatura esterna dopo 12–24 ore.
  - **Sintomi di putrefazione.**
    - Putrefazione verde. — Si inizia dall'addome ordinariamente dopo 48 ore.
    - Putrefazione gasosa.
    - Colliquefazione.
    - Disseccamento.
    - Variazioni: Mummificazione, adipocera (trasformazione in grasso).
  - **Putrefazione nell'acqua.**
    - Macerazione della pelle della mano e del piede (dopo 5–8 giorni), distacco dell'epidermide dopo circa 1–3 mesi.
    - Putrefazione gasosa intensa (corpo voluminosissimo, testa nera, adipocera).

Genere di morte.
- MORTE NATURALE: Improvvisa, non improvvisa.
- MORTE VIOLENTA: Accidente, omicidio, suicidio.

Rapidità della morte.
- Lenta.
- Rapida.
- Istantanea.

Cause di morte violenta.
- **CAUSE MECCANICHE.**
  - Ferite.
  - Cadute dall'alto, gravi traumi.
- **COLPI MORALI.**
- **ASFISSIA.**
  - *Asfissie meccaniche.*
    - Chiusura vie aeree — Soffocazione. Strozzamento. Strangolamento. Impiccamento.
    - Ambienti non respirabili — Sotterramento. Annegamento.
  - *Asfissie tossiche.*
    - Avvelenamento da ossido di carbonio (Gas illuminante).
    - Avvelenamento di acido carbonico, ecc.

Cenni sulla morte e sulle cause di morte
per le indagini nel sopraluogo dei reati contro le persone (*Segue*).

(Segue)
Cause di morte violenta.

- TEMPERATURA TROPPO ELEVATA.
  - Insolazione.
  - Abbruciamento.
- TEMPERATURA TROPPO BASSA: Freddo.
- MANCANZA DI ALIMENTI: Inanizione.
- INTOSSICAZIONI O AVVELENAMENTI.
- ELETTRICITÀ: Fulminazione.

Meccanismo delle morti violenti.

- IMMEDIATE
  - Emorragia
    - Esterna.
    - Interna.
  - Lesioni meccaniche.
    - Di punti vitali: Midollo allungato, grossi gangli.
    - Del cuore e grossi vasi.
    - Gravi ferite di visceri, lacerazioni diffuse.
    - Lesioni di gran parte del corpo.
  - Trombi, embolismo.
  - Choc.
- MEDIATE
  - Complicazioni e malattie secondarie alle lesioni (infezioni, emorragie secondarie, embolismo, asfissie, esaurimento).
  - Peggioramenti di malattie preesistenti.

Le lesioni o ferite da cause meccaniche.

- SEDE
  - Non penetranti in cavità.
  - Penetranti in cavità.
- CAUSE
  - Armi da punta (stili, punteruoli, chiodi, ecc.).
  - Armi taglienti (coltelli, rasoi, scimitarre, falcetti, scuri, ecc.).
  - Armi da punta e taglio (coltelli, spade, ecc.).
  - Armi contundenti (martelli, bastoni, picche, ecc.).
  - Armi laceranti.
  - Armi da fuoco (pistole, revolvers, fucili, ecc.).
  - Scottature
    - Da corpi incandescenti.
    - Da fiamme.
    - Da gas, vapori.
    - Da liquidi ad alta temperatura.
    - Da sostanze corrosive, acidi, alcali, ecc.
  - Elettricità
    - Fulminazione.
    - Scariche elettriche.
- NATURA
  - Ecchimosi.
  - Escoriazioni.
  - Scottature (eritema, bolle, escare).
  - Contusioni, graffiature.
  - Soluzioni di continuo: Estensione, forma, margini (netti o frastagliati), angoli (acuti od ottusi), profondità, località.
  - Lacerazioni.
  - Strappamento.
  - Fratture
    - Semplici.
    - Comminutive.
    - Con lacerazione delle parti molli.

Cenni sulla morte e sulle cause di morte
per le indagini nel sopraluogo dei reati contro le persone (*Segue*).

Criterî differenziali tra omicidio e suicidio.

LE FERITE. . . .
- Natura.
- Gravità.
- Numero
- Posizione.
- Forma.
- Direzione.
- Estensione.

ARMI. . . . . . .
- Genere.
- Numero.

CIRCOSTANZE SPECIALI
- Posizione del corpo.
- Posizione dell'arma.
- Mano destra o sinistra (Mancinismo, atteggiamento della mano, solco fatto dal grilletto dell'arma, da funi).
- Distribuzione delle macchie di sangue.
- Segni di collutazione e di difesa.

LA VITTIMA. . .
- Età.
- Sesso.
- Stato mentale.
- Eredità.
- Moventi.

STAGIONE.
LUOGO.
AMBIENTE.

Sangue. . . . . . .

COMPOSIZIONE. .
- Parte corpuscolare.
  - Globuli rossi.
  - Globuli bianchi.
  - Piastrine.
- Siero.
- Sostanza colorante.
  - L'ossiemoglobina.
  - Derivati: Cristalli di emina.
  - Modificazioni: Emoglobina ossicarbonica (cadavere roseo).

ORIGINI . . . . .
- Sangue venoso.
- Sangue arterioso.

NATURA . . . . .
- Animali.
- Uomini.

Peli. . . . .

FORMA DEL PELO
- Radice.
- Fusto.

I PELI DELL'UOMO E DELL'ANIMALE.
I PELI DELLE DIVERSE PARTI DEL CORPO
I PELI TAGLIATI E STRAPPATI.

STRUTTURA DEL PELO.
- Cuticola.
- Sostanza corticale.
- Canale midollare.

Sperma . . . . . . | LE MACCHIE, GLI SPERMATOZOI.

Il sopraluogo nei reati contro la proprietà.

OGGETTO DELLE INDAGINI.

Di che reato si tratta? (Furto semplice, furto qualificato).

Come si è introdotto il ladro?
- Penetrando nell'ambiente trovato aperto.
- Visitando il quartiere.
- Essendovisi fatto rinchiudere.
- Essendovi penetrato.
  - Per la porta.
  - Per la finestra o balcone (per scalata, salto, discesa, ascesa con funi, ecc.).
  - Per il soffitto.
  - Per le pareti, per la cappa del camino.
  - Per il pavimento, per la latrina.

Come venne aperta la porta?
- Colla chiave vera (procuratasi).
- Con chiave falsa (fatta avendo preso l'impronta della chiave vera, avuta fra mano, con gesso, creta, mastice; nuova chiave falsa munita di piccole lame segate a millimetro e flessibili all'estremità).
- Con grimaldelli.
- Con sfascio o scasso (V. appresso).

Quali oggetti vennero asportati?

Donde vennero esportati?

Istrumenti e mezzi adoperati.
- « Pince-monseigneur », palo di ferro molto robusto, lungo da 40 a 50 centimetri, foggiato a scalpello ad ambe le estremità, una delle quali è incurvata ad angolo ottuso.
- Leve.
- Scalpelli, picconi, martelli.
- Leva con un'estremità foggiata come la penna del martello.
- Succhielli, tenaglie.
- Uncini di ferro a varie incurvature che si fanno penetrare nei fori fatti nella porta per abbassare i paletti, tirare i catenacci, sollevare i bracci di ferro.
- Seghe a coltello.
- Trapani a mano per staccare le serrature.
- « La circolare »; trapano che funziona per mezzo di un motorino e trafora le casse forti di ferro.
- Verricello.
- Diamanti per tagliare il vetro.
- Reagenti chimici per fondere il ferro.
- Cannello ferruminatorio per fondere il ferro.
- Esplodenti: Capsule di dinamite, miscugli di nitroglicerina o nitrato di sodio con polveri speciali per fondere i metalli delle casse forti senza produrre rumori.
- Abbruciamento.

Donde venne il ladro?

Via seguita nella fuga.

Numero dei partecipanti al reato.

Caratteri del reo desumibili dal reato.

Furto, vero o simulato.
- Simulazione del furto.
- Simulazione del modo in cui avvenne il furto (ladro domestico che simula uno sfascio).

Indagini dirette nel sopraluogo dei reati contro la proprietà.

ESAME DEL LUOGO.

ESAME DEL LUOGO COLLE STESSE PRECAUZIONI INDICATE PRECEDENTEMENTE PEI REATI CONTRO LE PERSONE.

Mobili, casse, ecc.
(punto di mira dello scasso).
- Impronta di scassi.
- Rotture.
- Cassetti aperti o chiusi.
- Disordini nel contenuto, ammanco di oggetti.
- Oggetti, valori abbandonati o dimenticati o non visti.
- Spostamento dei mobili, rovesciamento.
- Fusione parziale, abbruciamento.

Porta. . . . .
- Aperta o chiusa; integra o non integra; in sito o sollevata dai cardini.
- Presenta impronte di sfascio.
  - Impronte di leve ai lati, impronte di trapani, fori di succhielli, rottura dei pannelli.
  - Serratura: Asportata, rotta. forzata.
  - Stanghe sollevate, catenacci forzati, paletti abbassati.

Finestra . . . .
- Chiusa o aperta.
- Vetri integri o rotti, in sito o staccati dal mastice.
- Vetri foderati di carta o di tela, spalmati di creta, per evitare il rumore della rottura (dall'esterno o dall'interno).
- Inferriata integra o rotta o divelta; spazio tra un ferro e l'altro.
- A posto o fuori di posto.

Pavimento. . . . . . | Rotture, oggetti sparsi, macchie, orme.

Pareti . . . . | Integre o con rotture. oggetti appesi, spostati o no.

Soffitto. . . . . | Integro o no.

Oggetti nell' ambiente.
- Suppellettili, soprammobili.
  - A posto o fuori posto.
  - Per terra, integri o rotti.
- Vestiari, masserizie.
- Manoscritti. . . .
  - Dimenticati, lasciati appositamente.
  - Integri, stracciati, bruciati.
- Resti di cibi, bevande; recipienti con medicine.
- Armi, strumenti adoperati.
- Portafogli vuotati o no, valori.
- Sterco, orine.

Indagini fuori dell'ambiente.
- Scale, cortile, giardino, tetto, alloggi vicini.

RICONOSCIMENTO DELLE IMPRONTE DEL REO O DEI REI.

Identità fisica . . .
- Oggetti, vestiario, strumenti, manoscritti abbandonati o appositamente lasciati con indicazioni erronee.
- Impronte sulle pareti, nel pavimento, nei vetri, nella strada, visibili o no.
- Forza, agilità dimostrata.

Identità psichica. . .
- Conoscenza dell'ambiente, intelligenza, audacia, professione, specialità criminosa, abitudine al reato dimostrata.

Le indagini sulle impronte nel sopraluogo.

GENERALITÀ.

Scopo di studio delle impronte.

- **IDENTITÀ** . . . .
  - Età, sesso, professioni, andatura speciale (V. a pag. 39-72).
  - Genere di calzatura.
  - Genere di istrumenti adoperati.
- **CIRCOSTANZE SPECIALI.**
  - Marcia o corsa.
  - Uno o più individui.
  - Percorso fatto.
  - Resistenza subìta durante la stazione eretta.
  - Posizione nella lotta.
  - Punti in cui un individuo si è trattenuto.
  - Natura dei lacci applicati.

Origine delle impronte.

- **Umane** . . . . . .
  - Mani, dita, falangette.
  - Piede, parte del piede. { Calzato. / Scalzato.
  - Denti, uno o più.
- Animali.
- Veicoli (biciclette, carri, automobili, ecc.).
- Bastoni.
- Armi, proiettili, ecc.
- Istrumenti.
- Lacci.

Specie di impronte.
- Visibili: Macchie, orme, solchi (collo, arti, dita), intaccature nel legno, ecc.
- Invisibili: Impronte di dita sulla carta, sul vetro, ecc.

Caratteri delle impronte.

- **Dimensioni** . . . { Lunghezza, larghezza, estensione, profondità, uniformità, simmetria.
- Colore.
- Forma speciale.
- Direzione.
- **Varietà** . . . . . .
  - Solco di impiccamento (incompleto, talora ad ansa, obliquo, non uniforme).
  - Solco da strangolamento (completo, orizzontale, quasi uniforme).
- Distanza da un'impronta all'altra.
- Linea formata dalle impronte.
- Particolarità (macchie, fili di erba calpestata, fili di erba strappata, onde rimane scoperto il terreno).

Substrati su cui si possono trovare le impronte.

- Terreno: Secco o bagnato, sabbioso, polverulento, fangoso, erboso.
- Sabbia o rena.
- Neve gelata o in disgelo.
- Pavimenti.
- Muri.
- Carta.
- Mobili, oggetti, vestiti.
- **Vetri** . . . . { Bicchieri. / Vetri di finestre, tubi di lampade.
- Metalli.
- Sul cadavere, sul vivo.

12*

MEZZI PER FISSARE E RILEVARE LE IMPRONTE

(Lacassagne-Foregeot).

Indagini sulle impronte in generale.

Esame diretto - Conservazione.

Descrizione.

Misurazione.

Riproduzione .
- Decalco ..... { Su carta trasparente applicata ad un piano di vetro posto sopra l'impronta.
- Disegno con pantografo o senza.
- Fotografia (V. appresso).

Fissazione: Polverizzazione di una soluzione di gomma lacca in alcool.

Consolidazione: Polverizzazione di *stearina*, previo riscaldamento.

Rilievo della forma.
- *Gesso :* Contornare l'impronta con piccola cornice di legno, spalmando di olio i lati interni, che devono essere lisci. Sciogliere il gesso polverizzato in acqua (2 di gesso su 1 di acqua), rimescolare finchè sia sciolto ed abbia formato una pasta finissima e fluida. Versarlo lentamente, senza fermarsi ed in un sol punto sopra l'impronta, in modo da ricoprirla per intero. Togliere a completa solidificazione la forma dalla impronta e dalla cornice.
- *Gelatina :* Sciogliere gelatina (colla di pesce) in acqua 10 %, versarla di un colpo nell'impronta, lasciar raffreddare e solidificare e toglierla.
- *Stearina.*

Rivelazione di impronte invisibili.
- Spalmare la superficie dell'impronta con *soluzione di nitrato di argento* dal 4 all' 8 %.
- Pennellare con *inchiostro*.
- Esposizione della superficie ove può esservi l'impronta di vapori di *acido osmico*.

Esportazione col substrato (se è possibile).

Impronte sul terreno, nel fango, nella sabbia.
- Fissazione.
- Rilievo col gesso dopo asciugato completamente il substrato.

In substrato molto polverulento sabbia fine, farina, ecc.
- Solidificazione con *soluzione di stearina* previo riscaldamento.
- Rilievo delle forme colla gelatina o col gesso.

Impronta sulla neve.
- Gelata ...... { Rilievo della forma colla *gelatina*. Rilievo della forma col gesso disciolto in acqua vicino a zero e aggiungendo neve.
- In disgelo .... { Congelamento dell'impronta con un miscuglio refrigerante di *neve* (2 parti) e di *sale da cucina* (1 parte). Rilievo colla gelatina e col gesso.

MEZZI PER FISSARE E RILEVARE LE IMPRONTE (*Segue*)

(Lacassagne-Foregeot).

Impronte su pavimenti e muri, su mobili, oggetti, ecc.	Tracce visibili di sangue o di fango.	I metodi generali.
	Tracce invisibili o latenti.	Passare con un pennello sui pavimenti sospettati una soluzione di nitrato d'argento all'8 %. Lasciare la porzione di pavimento esposta alla luce per più giorni. Descrivere, misurare, disegnare e fotografare le impronte appena apparissero, studiando soprattutto le linee papillari.
Impronte latenti su carta.	Carte sottili o documenti su cui non sia vietato produrre alterazioni.	Passare col pennello sulla parte sospettata una tinta piatta ed uniforme d'inchiostro nero comune. Esaminare in seguito il foglio direttamente o per trasparenza. Se sul foglio v'erano impronte latenti di mani o dita, le medesime appariranno. Per farne la riproduzione, fotografare direttamente l'impronta del foglio per trasparenza usando carta sensibilizzata al nitrato d'argento o al ferro cianuro. Fissaggio come per la fotografia.
	Carte spesse, cartoni, carte su cui non si può stendere inchiostro.	Passare col pennello, sulla carta sospettata, una soluzione di nitrato d'argento all'8 %. Fissaggio con soluzione iposolfito di soda al 12 %. (L'impronta col fissaggio sbiadisce alquanto). Disegnare, fotografare subito le impronte, che si renderanno in tal modo visibili.
Impronte sul metalli.		I metodi generali per disegnare, riprodurre, fissare le impronte.
Impronte di polvere su tessuti.		Fissazione polverizzando con soluzione di gomma lacca in alcool.
Impronte sul cadavere e sul vivo. (Solchi lasciati da lacci, da dita, da morsi, da armi).		Riproduzione. Rilievo col gesso, con mastice inglese.

La fotografia nel sopraluogo
e in altre investigazioni giudiziarie.

OGGETTO DEL RILIEVO FOTOGRAFICO.

Ambiente ove fu commesso un reato o avvenne un accidente: Locale chiuso o aperto.
Assembramenti.
Cadaveri.
Ferite.

Impronte . . . . .
- Orme lasciate sul terreno, sabbia, fango, neve.
- Impronte di dita, di unghie, di denti (sulle pareti, sul pavimento, sul mobilio, su tessuti, su carta, sul cadavere), solchi di funi, di armi, di dita.

Macchie di sangue, di altre sostanze.
Frammenti di armi lasciati nelle ferite, negli interstizi di mobili sfasciati (per ingrandimenti).
Armi trovate sul sopraluogo.
Capi di vestiario.

Documenti . . . .
- Manoscritti trovati nei sopraluoghi.
- Documenti falsi (ingrandimenti).

Fotografia di immagini invisibili
- Macchie di sangue in panni lavati.
- Decalchi di stampa, di matita, impronte di dita.

APPARECCHI SPECIALI.

Apparecchio fotografico metrico di Bertillon.

Fotografia metrica « Bertillon » ideata allo scopo di rilevare la ubicazione orizzontale e verticale dei particolari di una scena, in modo da poter utilizzare le fotografie come veri piani geometrici in sezioni, elevazione e proiezione orizzontale; d'onde si possono dedurre le forme e dimensioni esatte degli oggetti riprodotti. Consta di una serie di obiettivi quadrangolari di lunghezza focale decimale. La camera è a fuoco fisso ed è collocata a determinata altezza dal suolo. Apposite liste graduate, stampate sul cartone destinato a ricevere le fotocopie, permettono di leggere la esatta ubicazione e dimensione di ogni singolo oggetto.

Il cavalletto "Ellero" per i sopraluoghi (adottato dalla Scuola di Polizia di Roma).

Il cavalletto « Ellero » porta l'apparecchio fotografico (mobile in ogni senso) inserito su di un ponticello laterale di circa 2 metri, fissato alla sommità del cavalletto stesso, fino all'altezza di oltre 6 m. E' costruito in metallo a tre tubi vuoti, paralleli e rientranti, inseriti ad una base di sostegno triangolare, occupante uno spazio minore di mezzo metro quadrato. Si eleva per mezzo di un rocchetto a vite perpetua, comandato da una manovella il cui giro completo porta una elevazione di 1 cm. Ha i vantaggi di occupare poco spazio, di fissare sulla lastra un campo di soggetto molto vasto e di permettere di spingere la camera oscura in un ambiente diverso da quello di stazione.

Apparecchi per ingrandimento.

Apparecchi per fotomicroscopia.

Le ricerche indirette nel sopraluogo.

SCOPO DELLE INDAGINI.	Attingere nel luogo informazioni per conoscere: Come avvenne il reato, dove venne perpetrato, chi ne fu la vittima, chi lo compì o chi può averlo compiuto.		
OGGETTO DEL-LE INFORMA-ZIONI.	**Informazioni sul reo.**	Partecipazione di una o più persone. Donde venne il reo. Che via seguì nella fuga. Quali atti compì. Indicazioni sulla identità del reo. Indicazioni sulle qualità del reo.	
	Informazioni sulla vittima.	Chi era? Professione, robustezza. Condizioni sociali, finanziarie. Intelligenza, moralità. Avvenimenti recenti della sua vita (eredità, guadagni, questioni, reati, inimicizie). Era in casa, da quando era rientrato.	
	Circostanze in cui avvenne il reato.	Vi furono testimoni nella scena del delitto? Fu visto il sospetto reo? Fu vista la vittima? Fu visto qualcuno entrare nel luogo ove avvenne il reato? Fu visto qualcuno uscire dal luogo ove venne compiuto il reato? Fu visto qualcuno passare per il luogo ove avvenne il fatto? Furono viste persone estranee nelle vicinanze del sopraluogo poco prima o poco dopo avvenuto il fatto? Fu visto asportare oggetti?	
		Furono sentiti rumori.	Quali, in quale ora, donde venivano, quanti colpi furono sentiti.
PERSONE A CUI ATTINGERE LE INFORMAZIONI.	Persone danneggiate, presenti se vi sono, vicini, componenti la famiglia, parenti, amici della vittima o del danneggiato, amici, persone che frequentano la casa, portieri, facchini, bottegai aventi rapporti col danneggiato, ecc.		
GLI INFORMA-TORI.	Spontanei o richiesti.		
	In rapporto al reato.	Danneggiati, interessati, disinteressati, zelanti, curiosi, implicati perchè presenti.	
	Attitudini psico-logiche.	Veritieri, reticenti, timidi, menzogneri, chiacchieroni.	
CRITERII NELLO	ASSUMERE INFORMAZIONI (V. Interrogatorî, pag. 166).		
LE INFORMAZIO-NI DEI CONFI-DENTI.	Valore delle informazioni.	Sempre scarso. In relazione coi loro caratteri psicologici (intelligenza e moralita). In relazione coll'occasione che trascina l'individuo a confidare (bisogno, interesse, vendetta, spontaneità, passione).	
	Metodo per usu-fruire delle de-posizioni.	Apprezzare solo i dati di fatto controllabili. Eliminare il resto.	
ULTERIORI IN-DAGINI.	Ricerca degli istrumenti e delle armi adoperate nel reato. Ricerca della roba rubata (commercianti di cose preziose e usate, agenzie di prestiti, negozi di sospetti ricettatori, banche, ecc.).		

La ricerca del reo.

LA RICERCA DEL REO SE NOTO O SE LASCIÒ IMPRONTE.

È NOTO MA LATITANTE. { Utilizzazione del segnalamento fisico e psichico per farlo riconoscere, per farlo ricercare.

IL REO FU VISTO DA TESTI. { Rilievo dei connotati e contrassegni più evidenti. / Uso di tali caratteri per la ricerca. / I riconoscimenti (V. a pag. 161).

IL REO LASCIÒ IMPRONTE CHE VENNERO RILEVATE NELLE RICERCHE DIRETTE.

Caratteri fisici (anatomici e funzionali).

ORME . . . . . . { Impronta del piede. / Impronta della mano. / Impronte delle dita. / Impronte delle unghie.

PELI.

CARATTERI FUNZIONALI. { Forza dimostrata. / Agilità, destrezza. / Abilità manuale. / Destrismo, mancinismo.

Caratteri psichici e anamnestici (rivelati dalla forma del reato). { Intelligenza. / Astuzia. / Abitudine al delitto. / Specializzazione di date forme criminose. / Professione.

Oggetti . . . . . { Armi adoperate. / Strumenti. / Scritti. / Oggetti qualsiansi di appartenenza del reato. / Capi di vestiario (identificazione degli indumenti).

IL REO PORTA IMPRONTE DEL REATO. { Ferite (graffiature) / Ecchimosi.

Impronte della vittima. { Macchie di sangue. / Peli.

Oggetti della vittima.

LUOGO DELLA RICERCA DEL REO. { Osterie, postriboli, alberghi, ospedali. / Sorveglianza in stazioni ferroviarie, uffici telegrafici e postali. / Presso parenti, amici, amiche, prostitute, pregiudicati. / Sul luogo del reato.

LA RICERCA INDIZIARIA DEL REO

IN MANCANZA DI IMPRONTE E DI DATI DI IDENTIFICAZIONE.

ANALISI DELLE INDAGINI.
- Studio del movente del reato.
- Studio e ricerca delle persone che possono averlo compiuto.
- Ricostruzione ideale degli atti compiuti dal reo dopo il reato, basandosi sulla conoscenza psicologica dei pregiudicati.

RICERCHE INDIRETTE.

Ricerca generica del reo.
- Tra gli individui sospetti (V. a pag. 128).
- Tra i pregiudicati generici.
- Tra i pregiudicati specifici per determinate forme di reato, e tra specialisti per modi particolari di commettere un dato delitto.
- Tra gli indiziati dalla voce pubblica.

Ricerca degli elementi di attendibilità del sospetto generico.
- Conoscenza dell'individuo sospettato.
- Accertamento della capacità a delinquere.
  - Generica.
  - Specifica.
- Cause di attendibilità o meno della pubblica voce e fonti della medesima.

Ricerca degli indizî di partecipazione al reato.
- Moventi del delitto.
- Rapporti colla vittima.
- Contegno dell'individuo sospetto prima del reato.
- Contegno che il sospettato dichiara aver tenuto nel momento del reato (falsi alibi).
- Contegno del sospettato dopo il reato.
- Contegno nel momento dell'arresto.
- Contegno negli interrogatorî e nei rapporti coll'autorità.
- Deposizioni, scritti, rapporti con altri.
- Contegno dopo i primi sospetti sorti a suo carico, ed in seguito.

RICERCHE DIRETTE.
- Ricerca della roba rubata (negozi, agenzie di prestiti, banche, ecc. Esame di indumenti o documenti abbandonati dal reo.
- Ricerche di istrumenti, arnesi lasciati sul luogo o trovati.
- Ricerche nei postriboli, alberghi, osterie.
- Sorveglianza nelle stazioni ferroviarie, nei treni, negli uffici postali.
- Perquisizioni presso i pregiudicati, i sospetti.
- Sorveglianza nel luogo del reato.

La Polizia giudiziaria negli uffici di Pubblica Sicurezza.

IL PREGIUDICATO.

IL CASELLARIO PERMANENTE DI POLIZIA GIUDIZIARIA.

La cartella biografica del pregiudicato.

I fascicoli personali degli individui non pregiudicati (orientati agli stessi criterî della cartella biografica).

Schedario alfabetico classificato secondo i reati e la temibilità nei seguenti gruppi. Rapinatori, borsaiuoli, rei generici contro la proprietà, violenti, falsarî, sovversivi, mantenuti, minorenni oziosi e vagabondi, vigilati, ammoniti, assegnati a domicilio coatto, mendicanti inabili al lavoro, vagabondi, alterati di mente o squilibrati, individui sospetti, prostitute.

IL SERVIZIO DI SEGNALAMENTO.

Generi di segnalamento. Segnalamento dactiloscopico. Segnalamento fotografico. Segnalamento descrittivo.

Schedario (coordinato col casellario di Polizia giudiziaria). Alfabetico. Dactiloscopico. Secondo i più evidenti connotati e contrassegni personali.

Albums fotografici: Da affidarsi agli agenti per le ricerche.

I SERVIZI DI INVESTIGAZIONE. Improntati ai criterî retro esposti. Muniti dei mezzi per le indagini.

I SERVIZI DI SORVEGLIANZA. Sorveglianza degli ammoniti e vigilati a seconda dei caratteri individuali e secondo l'ambiente in cui il pregiudicato si trova. Sorveglianza speciale degli squilibrati, dei prosciolti per alterazione di mente, dei dimessi dal manicomio.

LA CONOSCENZA DEL PAESE.

TAVOLE GRAFICHE STATISTICHE DELLA CRIMINALITÀ LOCALE. Tavole grafiche sulle criminalità generale e speciale. Tavole grafiche cronologiche della criminalità locale. Tavole topografiche della diversa criminalità locale per rioni, ecc. (da tenersi permanentemente negli uffici).

CARTE TOPOGRAFICHE DELLE LOCALITÀ.

MONOGRAFIE LOCALI. Vicende storiche, tradizioni. Posizioni. Viabilità. Condizioni economiche, sistema agricolo, commercio, industria. Relazioni tra le classi sociali. Carattere della popolazione. Tendenze criminose. Occasione di manifestazioni criminose. Partiti politici e amministrativi, caratteri della lotta elettorale. Istituti locali sanitari e di beneficenza. Associazioni politiche, operaie, religiose. Persone notevoli. Persone pericolose.

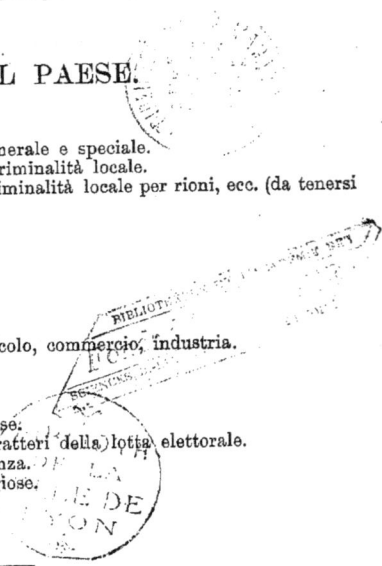

www.ingramcontent.com/pod-product-compliance
Lightning Source LLC
Chambersburg PA
CBHW060533210326
41519CB00014B/3206